Ulrike Borgmann

Von Lindisfarne bis Hastings:

Kampf und Kriegskunst

in der angelsächsischen Chronik

D1696470

Günter Berger, Stephan Kohl, Werner Röcke (Hg.)

LIR
Literatur - Imagination - Realität

Anglistische, germanistische, romanistische Studien

Band 8

Ulrike Borgmann

Von Lindisfarne bis Hastings:

Kampf und Kriegskunst
in der angelsächsischen Chronik

Wwt Wissenschaftlicher Verlag Trier

Die Deutsche Bibliothek - CIP-Einheitsaufnahme

Borgmann, Ulrike:
Von Lindisfarne bis Hastings: Kampf und Kriegskunst
in der angelsächsischen Chronik / Ulrike Bormann. -
Trier: WVT Wissenschaftlicher Verlag Trier, 1993
   (LIR Literatur, Imagination, Realität; 8)
   ISBN 3-88476-096-3
   Zugl.: Univ., Bochum, Diss., 1993
NE: GT

© WVT Wissenschaftlicher Verlag Trier
ISBN 3-88476-096-3

Umschlaggestaltung: Brigitta Disseldorf

WVT Wissenschaftlicher Verlag Trier
Postfach 4005, 54230 Trier
Bergstraße 27, 54295 Trier
Tel. 0651-41503, Fax 41504

VORBEMERKUNG

Herrn Prof. Dr. Hans-Jürgen Diller danke ich für die Anregung zu dieser Arbeit und seine geduldige Unterstützung während ihrer Entstehung. Des weiteren gilt mein Dank den freundlichen Menschen, die mir bei der Erstellung in vielfältiger Weise behilflich waren: Ulrike Bethlehem, Anne Borgmann, Carsten Breul und Heike von Glischinski.

INHALTSVERZEICHNIS

1 EINLEITUNG

1.1 Problemstellung und Zielsetzung

Die englische Geschichte ist vom neunten bis zur Mitte des elften Jahrhunderts im wesentlichen eine Kriegsgeschichte, geprägt von Eroberungen, Eroberungsversuchen sowie Serien von Plünderungszügen. Die Wikingereinfälle, deren Beginn mit der Verwüstung des Klosters Lindisfarne 793 angesetzt wird, endeten 1016 mit der Herrschaft des Dänenkönigs Knut über einen anglo-dänischen Staat, der kurze Zeit Bestandteil eines skandinavischen Großreiches war. Die normannische Eroberung mit der entscheidenden Schlacht von Hastings 1066 brachte England dann unter die zweite und letzte Fremdherrschaft seiner Geschichte. Das gesamte politische, kulturelle und wirtschaftliche Leben Englands wurde also über lange Zeiträume mehr oder weniger stark von kriegerischen Ereignissen dominiert. Entsprechend zahlreich sind die zeitgenössischen literarischen Zeugnisse, die sich mit diesen Kriegsereignissen auseinandersetzen. Dichtung, Hagiographie und Homiletik nahmen sich dieser Thematik an, vor allem aber natürlich die Historiographie, und mit der angelsächsischen Chronik liegt eine einzigartige, weil volkssprachliche, Dokumentation des Geschehens vor, die auch den lateinischschreibenden Zeitgenossen Asser und Æthelweard sowie den Historiographen des zwölften Jahrhunderts zur Grundlage diente. Darüber hinaus haben ihre Präsentationen der englischen Könige Alfred und Æthelred in ihrer extremen Polarisierung auch die moderne Geschichtsschreibung noch erheblich beeinflußt. Die Darstellung der Chronik wird in dem hier untersuchten Zeitraum fast ausschließlich von kriegerischen Ereignissen beherrscht, die vermutlich auch in erster Instanz Impulsgeber für ihre Entstehung waren (vgl. 3.2), und sie steht zudem für den weitaus größten Teil des Betrachtungszeitraums in dem übergreifenden Kontext der Wikingereinfälle. Diese thematische Einheit macht den besonderen Reiz der Angelsachsenchronik als literarisches Zeugnis aus.

Die Chronik auf die Gestaltung ihres zentralen Berichtsgegenstandes, die inhaltliche und sprachliche Darstellung von Kampf und Kriegskunst zu untersuchen, ist das Thema der vorliegenden Arbeit. Ziel ist es zum einen, die verschiedenen Aspekte dieser Darstellung für die einzelnen Chroniksequenzen deskriptiv zu erfassen und somit das ihnen zugrundeliegende Berichterstattungskonzept herauszustellen. Darüber hinaus legt jedoch die besagte thematische Einheit der Berichte die Annahme nahe, daß die Darstellungsmethoden im Rahmen der Text- und Entstehungsgeschichte der Chronik einem Entwicklungsprozeß unterworfen waren. Diese Entwicklungen unter Einbeziehung der gattungsimmanenten und ereignisgeschichtlichen Faktoren aufzuzeigen, ist das zweite Ziel dieser Arbeit. Unter dieser Zielsetzung und Thematik bedingt sich der folgende Katalog der zentralen Fragen, die von der Untersuchung gestellt werden müssen: (1) Welche Informationen vermitteln die Schilderungen in bezug auf den Ablauf einer kriegerischen Handlung? (2) Wie steht es um das Kriegskunstverständnis der Chronisten, d.h. inwieweit werden taktische und strategische Aspekte der Kriegführung in die Darstellungen einbezogen, und inwieweit werden Planungsvorgänge sprachlich realisiert? (3) Wie transparent geraten die Schilderungen von militärischen Ereignissen und Zusammenhängen, wieviel darstellerisches Geschick zeigen die Chronisten bei der Bewältigung der zunehmenden Fülle und Komplexität der Kriegshandlungen? (4) Wo und in welcher Form werden Bewertungen und Begründungen vorgenommen, und was bewirken sie? Inwieweit kommen Darstellungsinteressen der Chronisten zum Ausdruck, und in welcher Weise beeinflussen sie die Berichte? (5) Welche Eindrücke entstehen von den Kriegführerqualitäten der jeweiligen angelsächsischen Herrscher, inwieweit und mit welchen Mitteln werden sie gezielt gesteuert, und zu welchem Zweck geschieht dies? (6) Erweitert sich der kriegsbezogene Wortschatz der Chronisten, und wenn ja, in welcher Weise? Läßt sich ein Repertoire von feststehenden Ausdrucksweisen für bestimmte Gegebenheiten ermitteln?

Diese Fragestellungen sind natürlich nicht für alle Sequenzen der Chronik gleichermaßen ergiebig und werden den Gegebenheiten entsprechend begrenzt und modifiziert.

1.2 Forschungsstand

Während die angelsächsische Chronik in großem Maß von linguistischer Seite zu Erkenntnissen über Syntax und Wortschatz des Altenglischen herangezogen wird, liegen literaturwissenschaftliche Auseinandersetzungen mit ihrem Inhalt und/oder Stil nur in begrenzter Zahl vor. Zudem greifen diese Arbeiten zumeist nur eine bestimmte Episode oder allenfalls Sequenz der Chronik heraus.

Relevant sind hier zunächst die Aufsätze von Thomas A. Shippey[1] und Ruth Waterhouse,[2] die sich mit der Darstellung von Alfreds späteren Kriegszügen, insbesondere der Hæsten-Episode, beschäftigen. In bezug auf die gesamte alfredische Chronik bieten die

---

1 Thomas A. Shippey, "A Missing Army: Some Doubts about the Alfredian *Chronicle*", *In Geardagum* 4 (1982), pp. 41-55.

2 Ruth Waterhouse, "The Haesten Episode in 894 *Anglo-Saxon Chronicle*", *Studia Neophilologica* 46 (1974), pp. 136-141.

Beiträge von R. H. C. Davis[3] und Dorothy Whitelock[4] eine textanalytische Diskussion der Propagandathese (vgl. hierzu 3.2). Besonders hervorzuheben sind jedoch die Auseinandersetzungen mit der Chronikdarstellung König Æthelreds von Pauline Stafford[5] und Simon Keynes,[6] die mit den Tagungsbeiträgen zur *Millenary Conference* 1978 erstmals eine Relativierung des in der Chronik gezeichneten düsteren Bildes anstrebten. Keynes hat seitdem mit einer Monographie über Æthelreds Regierung[7] und vor allem mit einem die Chronikdarstellung von Alfred und Æthelred vergleichenden Aufsatz[8] einen weiteren wichtigen Beitrag zur literaturwissenschaftlichen Betrachtung der Chronik geleistet. Schließlich seien auch noch die wenigen Untersuchungen aufgeführt, die sich mit der Darstellung der Wikinger befassen und neben anderen Texten auch die Chronik hinzuziehen, nämlich die Arbeiten von Horst Zettel, Paul G. Buchloh/Diethard Pieske und Raymond I. Page,[9] die jedoch das Thema Kriegskunst allenfalls am Rande berühren.

An ausschließlich stilistischen Untersuchungen zur Chronik ist hier an erster Stelle der herausragende Aufsatz von Cecily Clark[10] zu nennen, die für die großen Perioden der Chronik bis zur normannischen Eroberung die jeweils wesentlichen Stilmerkmale herausarbeitet. Allerdings ist zu bedauern, daß sie auf die Annalen von Edwards Regierungszeit

3 R. H. C. Davis, "Alfred the Great: Propaganda and Truth", *History* 56 (1971), pp. 169-182.

4 Dorothy Whitelock, "The Importance of the Battle of Edington", Dies., *From Bede to Alfred. Studies in Early Anglo-Saxon Literature and History,* London, 1980, pp. 6-15.

5 Pauline Stafford, "The Reign of Æthelred II, a study in the limitations on Royal Policy and Action", *Ethelred the Unready: Papers from the Millenary Conference,* ed. David Hill, Oxford, 1978, pp. 15-46.

6 Simon Keynes, "The Declining Reputation of King Aethelred the Unready, *ibid.*, pp. 227-254.

7 Simon Keynes, *The Diplomas of King Æthelred 'the Unready'.* A Study in their Use as Historical Evidence, Cambridge, 1980.

8 Simon Keynes, "A Tale of Two Kings: Alfred the Great and Ethelred the Unready", *Transactions of the Royal Historical Society,* 5th ser. 36 (1986), pp. 195-217.

9 Horst Zettel, *Das Bild der Normannen und der Normanneneinfälle in westfränkischen, ostfränkischen und angelsächsischen Quellen des 8.-11. Jahrhunderts,* München, 1977; Paul Gerhard Buchloh und Dietrich Pieske, "Die Darstellung der Wikinger in der altenglischen Überlieferung und Dichtung", *Offa* 41 (1984), pp. 13-29; Raymond Ian Page, *'A Most Vile People': Early English Historians on the Vikings,* London, 1987.

10 Cecily Clark, "The Narrative Mode of *The Anglo-Saxon Chronicle* before the Conquest", *England Before the Conquest: Studies in Primary Sources Presented to Dorothy Whitelock,* ed. Peter A. M. Clemoes and Kathleen Hughes, Cambridge, 1971, pp. 215-235.

nicht eingeht. André Crépin[11] hat 1984 Clarks Erkenntnisse wieder aufgegriffen und mit einer geschichtstheoretischen Diskussion über die Unterschiede zwischen Annalen und Historien verknüpft, die jedoch sehr oberflächlich bleibt. Die einzige vorliegende Monographie zum Stil der Chronik ist die Dissertation von Gordon C. Donald[12] von 1914, die sich meistenteils auf eine schlichte Aufzählung von stilistischen Figuren beschränkt und einer nicht immer schlüssigen Einteilung der Chronik folgt. Die Beiträge von Janet Bately[13] hingegen sind auf eine stilistische Analyse der alfredischen Chronik begrenzt und heben vor allem auf eine entstehungsgeschichtliche Einordnung ab. (Auf dem text- und entstehungsgeschichtlichen Sektor ist indessen überhaupt eine rege Forschungstätigkeit zu verzeichnen, die im einzelnen im Kapitel 3.2 diskutiert werden wird.)

Darüber hinaus liegen unter den historisch orientierten Arbeiten, die die Ereignisse einer bestimmten Episode behandeln, einige vor, die nicht nur die Fakten, sondern auch die Darstellungsweise der Chronik berücksichtigen, so die Aufsätze von M. E. Griffiths und Francis P. Magoun zum Bericht von Alfreds späteren Kriegszügen und Frederick T. Wainwright zu Æthelflæd von Mercia.[14]

Es hat sich also gezeigt, daß die Betrachtung der Angelsachsenchronik unter literaturwissenschaftlichen Fragestellungen generell in der Forschung bislang stark unterrepräsentiert ist und daß der Aspekt der Kriegsdarstellungen bislang nur sporadisch und beschränkt auf einzelne Episoden oder Sequenzen Berücksichtigung gefunden hat.

---

11 André Crépin, "Etude typologique de la *Chronique anglo-saxonne*", *La Chronique et l'Histoire au Moyen-Age*, ed. Daniel Poirion, Paris, 1984, pp. 137-151.

12 Gordon C. Donald, *Zur Entwicklung des Prosastils in der Sachsenchronik*, Diss. Marburg, 1914.

13 Janet Bately, "The Compilation of the Anglo-Saxon Chronicle 60 B.C. to A.D. 890: Vocabulary as Evidence", *Proceedings of the British Academy* 64 (1978), pp. 93-129; Dies., "The Compilation of the Anglo-Saxon Chronicle Once More", *Sources and Relations: Studies in Honour of J. Cross*, ed. Marie Collins *et al.*, Leeds, 1985, pp. 7-26.

14 M. E. Griffiths, "King Alfred's Last War", *English and Medieval Studies Presented to J. R. R. Tolkien*, ed. N. Davis, London, 1962, pp. 41-50; Francis P. Magoun, "King Alfred's Naval and Beach Battle with the Danes in 896", *Modern Language Review* 37 (1942), pp. 409-414; Frederick Thomas Wainwright, "Æthelflæd Lady of the Mercians", *The Anglo-Saxons*, ed. Peter Clemoes. London, 1959, pp. 53-69.

1.3 Vorgehensweise

Vor der Betrachtung der Angelsachsenchronik ist es wichtig, einige militärtheoretische und auch militärhistorische Erläuterungen vorwegzuschicken. Deshalb gibt das folgende Kapitel zunächst einen Abriß des militärisch-politischen Geschehens in dem hier betrachteten Zeitraum und eine grobe Periodisierung. Anschließend wird eine Erörterung des Kriegswesens der Angelsachsen aus militärhistorischer Sicht sowie eine kurze Definition der einzelnen Elemente von Kriegskunst im Sinne der Kriegstheorie vorgenommen. Am Endes des Kapitels folgt eine Darlegung und Erläuterung der verschiedenen Handlungselemente, aus denen sich die Schilderungen eines Kriegshandlungsablaufs in der Chronik zusammensetzen und die somit den Informationsgehalt der Darstellungen bestimmen. In einem weiteren Kapitel wird nach einer generellen Einordnung des Genus 'Chronik' in den Kontext der mittelalterlichen Geschichtsschreibung die Text- und Entstehungsgeschichte der Angelsachsenchronik diskutiert. Darauf aufbauend werden anschließend die verschiedenen Chronikschichten und ihre einzelnen Sequenzen vorgestellt, die jeweils zusammenhängend analysiert werden sollen.

Die Kapitel 4 bis 7 beinhalten die Untersuchung jeweils einer Chronikschicht - und gegebenenfalls ihrer einzelnen Sequenzen in Unterkapiteln - nach einem konstanten Analyseraster. Diese Untersuchungsmethode wird gewählt, da sie am besten dazu geeignet ist, für die einzelnen Aspekte der Analyse Quervergleiche zwischen den einzelnen Chroniksequenzen wie auch Schichten anzustellen, um somit - gemäß der Zielvorgabe dieser Arbeit - die Entwicklungsprozesse zu erfassen, denen die Darstellungen unterworfen sind. Das Analyseraster umfaßt acht Untersuchungsaspekte, die sich grob in vier inhaltliche und vier sprachliche Aspekte aufteilen. Der Erste, "Informationsgehalt", unter dem die verschiedenen Handlungselemente der geschilderten Abläufe aufgeführt werden, nimmt dabei allerdings eine besondere Rolle ein, da er je nach Inhalt der Chronikberichte auch Gegenstände anderer Aspekte, vornehmlich des der "Taktik und Strategie", berühren kann. (Zu seiner komplexen Funktion gibt das Kapitel 2.4 genauere Auskunft.) Bei dem zweiten Aspekt, "Aufbau und Struktur", ist ebenfalls die Art der Berichte ausschlaggebend, ob er mehr der inhaltlichen oder der sprachlichen Dimension zuzurechnen ist. Sind sie sehr ausführlich oder bilden die Einträge eine zusammenhängende Schilderung, dann ist zumeist auch eine Untersuchung des inhaltlichen Aufbaus ergiebig, die sowohl Darstellungsvermögen als auch -interessen der Chronisten erhellen kann; anderenfalls dominiert eher der sprachliche Gegenstand der Annalenstrukturierung mittels bestimmter Markierungen. Unter dem dritten Aspekt, "Taktik und Strategie", der für die Beurteilung des Kriegskunstverständnisses der Chronisten wesentlich ist, werden sowohl die Darstellung taktischer und strategischer Maßnahmen, die allein durch die Handlung impliziert werden, als auch die Darstellung von Planungsvorgängen untersucht. Der vierte Aspekt hat "Bewertungen und Begründungen" zum Gegenstand, die Auskunft über die Darstellungsinteressen und auch gegebenenfalls über die Präsentation der Kriegführer geben. Mit dem fünften Aspekt, "Wortschatz", setzt dann die Untersuchung der sprachlichen Dimension ein, wobei hier ausschließlich der kriegsbezogene Wortschatz berücksichtigt und auf die Etablierung von Formeln sowie lexikalische Neueinführungen hin untersucht wird. Der sechste Aspekt, "Syntax", vermag Aufschluß über das Darstellungsvermögen, im Sinne der Fähigkeit zu syntaktisch komplexer Gestaltung, und auch gelegentlich über die Darstellungsinteressen eines Chronisten zu geben, wenn bestimmte Satzbaustrukturen nur in einem speziellen thematischen Zusammenhang eingesetzt werden; dieser Aspekt kann aber je nach Kontext auch wenig aussagekräftig geraten. Im Falle sehr komplexer und zusammenhängend gestalteter Einträge ergibt sich eine nicht zu vermeidende Überschneidung mit dem Aspekt "Aufbau und Struktur". Unter dem siebten Aspekt wird der Frage nach dem jeweiligen "Handlungsträger" der geschilderten Aktionen nachgegangen, die entscheidend zu Erkenntnissen über die Darstellung der Kriegführer beiträgt. Die Bezeichung "Handlungsträger" statt des grammatischen Terminus "Agens" wurde gewählt, um zu verdeutlichen, daß hier keine grammatische Kategorie, sondern lediglich ein sprachliches Darstellungsmittel untersucht werden soll. Der achte Aspekt schließlich hat die Perspektive der Chronisten zum Gegenstand, womit Aufschluß über gezielte Empathiesteuerung gewonnen werden kann, was wiederum die Darstellungsinteressen der Verfasser reflektiert. (Dies wird beim erstmaligen Auftreten dieses Untersuchungsaspektes in der Analyse im einzelnen erläutert.) Die grundsätzliche Betrachtungswürdigkeit dieses Gegenstands ist allerdings in besonderem Maße kontextabhängig, was dazu führt, daß seine Untersuchung in den Kapiteln 5.3 bis 7 nicht mehr lohnenswert ist. Da aber die Gründe dafür variieren, wird dieser Aspekt dennoch mit einer jeweils kurzen Erläuterung dieser Gründe in der Analyse aufgeführt.

Abschließend sei noch eine kurze Anmerkung zur Terminologie festgehalten: Ich bezeichne die verschiedenen skandinavischen Truppen als Wikinger, solange es sich um von auswärts kommende Heere oder Piratenbanden handelt. Bei der Behandlung der Schilderungen ab 900, wenn es um die Rückeroberung des Danelag und die dort ansässigen Heere geht, benutze ich die Bezeichnung Dänen, wie es die Chronik selbst durchgängig von Anfang an und die englischsprachige Forschung ebenfalls tut. Entsprechend verfahre ich mit den Begriffen 'Angelsachsen' und 'Engländer'. Mit dem regelmäßigen Auftreten von *Englisc* ab 919 wechsle ich in der Untersuchung zur Anwendung der letzeren Bezeichnung über.

12

2 ERLÄUTERUNGEN ZU KRIEGSKUNST UND KRIEGSWESEN DER ANGELSACHSEN

2.1 Abriß des militärisch-politischen Geschehens

Nach dem erstmaligen Auftauchen norwegischer Schiffe 789 und dem Überfall auf Lindisfarne 793 setzte 835 mit einem Angriff auf die Insel Sheppey eine Serie von Wikingerraubzügen ein, die das Küstengebiet von Süd- und Ostengland betrafen. Im allgemeinen zogen sich die Wikinger nach erfolgreicher Plünderung wieder zurück, gelegentlich überwinterten sie auch in England. Ihr Auftreten veränderte sich, als 865 eine große dänische Armee (das vielzitierte *mycel here*) in East Anglia landete und im folgenden Jahr York eroberte. Innerhalb der nächsten fünf Jahre unterwarfen sie Northumbria und East Anglia und erhielten Lösegeld von Mercia wie auch nach schweren Kämpfen von Wessex, was jedoch weitere Kampfhandlungen nicht verhinderte. 873 eroberten sie Mercia und setzten den Angelsachsen Ceolwulf als "puppet king" ein unter der Bedingung, daß das Reich auf Wunsch zu ihrer Verfügung stünde. 874 teilte sich die dänische Armee in zwei Abteilungen: Die eine unter Halfdan zog nach Norden und siedelte sich 876 in der Gegend des heutigen Yorkshire an, die andere unter Guthrum setzte sich in Cambridge fest und attackierte Wessex. 877 teilten Guthrums Dänen das mercische Königreich auf, indem sie den Westteil Ceolwulf überließen und die Niederlassungswilligen unter ihnen den Ostteil besiedelten. Guthrums Versuch, nun endgültig Wessex zu erobern, scheiterte 878 in der Schlacht von Edington durch einen Sieg Alfreds, seit 871 König von Wessex. Nachdem er ein Abkommen mit Alfred getroffen hatte, zog sich Guthrum nach East Anglia zurück und besetzte es, schloß sich jedoch einer neugelandeten Armee im Angriff auf Wessex an und wurde 878 ein zweites Mal von Alfred geschlagen. Dieser schloß einen zweiten Vertrag mit Guthrum, in dem der Däne die eroberten Gebiete offiziell zuerkannt bekam. 892 erschienen zwei neue dänische Armeen, die sich bisher auf dem Kontinent aufgehalten hatten, von denen die größere bis 896 kreuz und quer durch England zog, verfolgt von den vereinten Kräften von Wessex und English Mercia, bis sie sich schließlich auflöste. Die letzten drei Jahre bis zum Tode Alfreds des Großen verliefen im wesentlichen ohne Feindseligkeiten.

Kurz nach dem Beginn der Regierung von Alfreds Sohn Edward (899-924) erhob sich sein Cousin Æthelwold gegen ihn, lief über zu den ostanglischen Dänen und stiftete sie zu einem Raubzug nach English Mercia und Nordwessex an; als Antwort verwüstete Edward East Anglia. 909 griff der König Northumbria an, im folgenden Jahr marschierten die Dänen von Northumbria in English Mercia ein und wurden in der Schlacht von Tettenhall geschlagen. 911 starb *ealdorman* Æthelred von Mercia, und seine Witwe Æthelflæd, eine Tochter Alfreds, regierte als "Lady of the Mercians". Sie unterstützte militärisch ihren Bruder Edward, der von 911 bis 917 die dänischen Kolonien von East Anglia und den Midlands eroberte, und startete eine großangelegte Erstellung von Befestigungsanlagen. Nach ihrem Tod 918 sicherte Edward sich die Macht über Mercia, und im selben Jahr ergaben sich die letzten dänischen Armeen von Nottingham und Lincoln; damit befand sich ganz England südlich des Humber unter westsächsischer Herrschaft.

Norwegische Wikinger, die sich seit Ausgang des achten Jahrhunderts in Irland und auf den nördlichen Inseln festgesetzt hatten, eroberten 919 York, wo sich ihr Führer Rægnald zum König erklärte. Im Jahr darauf griff sein Cousin Sihtric von Dublin aus den Nordwesten von Mercia an, worauf König Edward in Northumbria einfiel und schließlich sämtliche Könige des Nordens bereit fand, seine Oberherrschaft anzuerkennen. Trotzdem blieb Edwards Autorität nördlich des Humber gering und schwand bald ganz, als Sihtric Rægnalds Nachfolger in York wurde. Æthelstan (924-939), Edwards Sohn, vertrieb nach Sihtrics Tod dessen Sohn Anlaf aus dem Land, ließ von Schottland, Strathclyde und Bamburgh seine Oberherrschaft anerkennen und nahm York, das inzwischen von Anlafs Onkel Guthfrith belagert worden war, in seinen Besitz. 939 kam Anlaf Guthfrithson, besetzte York und plünderte die Midlands, worauf die Kirche ein Abkommen zwischen ihm und Æthelstans Nachfolger Edmund (939-946) arrangierte. Anlaf wurde die Region zwischen Watling Street und Humber zugesprochen, doch 942 gewann Edmund dieses Gebiet, die sogenannten Five Boroughs, von Anlafs Nachfolger und Cousin Anlaf Sihtricson zurück. Zwischen 946 und 954 versuchten dieser und noch ein anderer Norweger, Eric Blutaxt, noch einige Male, sich in York zu behaupten, aber ohne wirklichen Erfolg. 954 wurde Eric endgültig hinausgeworfen, und damit war der westsächsische König Eadred (946-955), ein Enkel Alfreds des Großen, zumindest nominell Herrscher über ganz England. Gleiches galt für seine Nachfolger Eadwig (955-959), Edgar (959-975) und Edward (975-978), deren Regierungszeiten gänzlich ohne Wikingereinfälle und -kriege verliefen.

Zwei Jahre nach dem Regierungsantritt König Æthelreds (978-1016) fielen erneut Wikingerarmeen über England her und plünderten in den folgenden acht Jahren die Küstengebiete des Südens. 991 erschien ein dänisches Heer in Maldon, besiegte die Streitkräfte von Essex und überzog anschließend den gesamten Südosten mit Zerstörung, bis es gegen Zahlung eines Lösegeldes wieder verschwand. 994 kam der dänische König Sven Gabelbart mit einem großen Heer, und von da an wiederholten sich die Ereignisse nach immer demselben Schema: Die dänischen Armeen plünderten und verwüsteten, ohne auf nachhaltigen Widerstand zu treffen, kassierten ständig ansteigende Summen Lösegelds als Preis für ihren Rückzug, verschwanden und kehrten nach einiger Zeit zurück. 1013 setzte Sven sich im Danelag fest und wurde schließlich von den englischen Fürsten als König anerkannt, worauf König Æthelred in die Normandie floh. Nach Svens Tod im Jahr darauf riefen die Engländer Æthelred wieder zurück, während Svens Sohn Knut als König von Dänemark den Oberbefehl über die dänischen Armeen übernahm. 1016 starb Æthelred, und sein Sohn und Nachfolger Edmund, der im Jahr zuvor schon die Five Boroughs hatte gewinnen können, nahm den Kampf gegen die Dänen auf, mußte aber trotz einiger Erfolge schließlich kapitulieren. Zwischen ihm und Knut wurde ein Abkommen getroffen, das Edmund Wessex und Knut den Rest Englands zuerkannte, aber Edmunds Tod machte Knut im selben Jahr zum akzeptierten König von ganz England. Seine Regierungszeit (1016-1035) verlief, was England betraf, kriegs- und, von Thronstreitereien abgesehen, auch krisenfrei, ebenso die seiner Söhne Harold (1035-1040) und Harthaknut (1040-1042).

Die ersten kriegerischen Vorfälle in der Regierungszeit Edward des Bekenners (1042-1066) waren zwei geringfügige Attacken von Plünderern gegen die Insel Thanet 1048 und gegen die Isle of Wight 1049, die erfolgreich abgewehrt werden konnten, und der erste einer Reihe von Angriffen des walisischen Königs Gruffydd (1049), im Verbund mit irischen Wikingern, auf englisches Territorium im Grenzbereich, der für den Waliser erfolgreich verlief.

Im folgenden Jahr begann der Konflikt zwischen König Edward und Godwin, dem einflußreichen Earl von Wessex. Im Verlauf dieser Auseinandersetzung standen sich königstreue Truppen und Godwinanhänger zweimal zur Schlacht bereit gegenüber, jedoch bewirkte die Scheu aller Beteiligten vor einem Bürgerkrieg beide Male das Zustandekommen eines Waffenstillstands, dem im ersten Fall die Verbannung der gesamten Godwinsippe, im zweiten Fall eine Versöhnung folgte. Nach Godwins Tod 1053 folgte ihm sein Sohn Harold als Earl von Wessex.

1054 marschierte Siward, Earl von Northumbria, in Schottland ein und vertrieb den schottischen König Macbeth; nach Siwards Tod im Jahr darauf wurde Tostig Godwinson Herr in Northumbria.

1055 wurde Ælfgar, der Earl von East Anglia, verbannt und verbündete sich daraufhin mit dem Waliser Gruffydd, der schon 1052 mit Erfolg Herefordshire überfallen hatte. Jetzt griffen sie gemeinsam Hereford an und besetzten die Stadt, lenkten jedoch bei anschließenden Verhandlungen mit dem zu Hilfe gekommenen Harold ein, woraufhin Ælfgar wieder als Earl von East Anglia rehabilitiert wurde. Im Jahr darauf endete ein Kampf zwischen Gruffydd und lokalen Truppen wiederum mit Harolds Vermittlung und anschließender Unterordnung des Walisers unter König Edwards Herrschaft. Doch 1058 erfolgte ein neuerlicher Angriff Gruffydds, zusammen mit dem schon wieder verbannten Ælfgar und möglicherweise auch im Verbund mit norwegischen Truppen unter Harald Hardrada, der jedoch nur ungenügend dokumentiert ist. 1063 machte schließlich eine konzertierte Aktion von Earl Harold und seinem Bruder Tostig den walisischen Attacken (und dem Leben Gruffydds) ein Ende und sicherte dem englischen König erneut die Oberherrschaft über Wales.

1065 lehnten sich die Northumbrier gegen Earl Tostigs Herrschaft auf, vertrieben ihn und machten stattdessen mit Billigung des Königs Morcar, den Sohn Ælfgars von East Anglia, zu ihrem Earl. Tostig ging nach Flandern ins Exil, kehrte jedoch 1066 als Verbündeter Harald Hardradas mit der norwegischen Invasion Englands zurück. Der Norweger wurde nach anfänglichem Sieg über die örtlichen Streitkräfte von dem herbeigeeilten Harold (inzwischen nach Edwards Tod zum König gewählt worden) bei Stamford Bridge vernichtend geschlagen. Doch inzwischen war der Normanne William mit seiner Eroberungsstreitmacht in Sussex gelandet und besiegte schließlich die aus dem Norden wieder zurückgeeilten Engländer entscheidend in der Schlacht von Hastings.

Für den Zeitraum vom Beginn der Wikingereinfälle bis zur normannischen Eroberung sehen wir also vier große Perioden der militärischen Geschichte Englands, die bezüglich der jeweiligen englischen Position als Angegriffene bzw. Angreifer sowie der Konsequenzen der Kriegsereignisse sehr unterschiedlich sind. (1) 793-899: die Zeit der ersten Welle der Wikingereinfälle und damit der ersten und zunehmend erfolgreichen Ansätze zur Landesverteidigung unter Alfred dem Großen bzw. seinen Vorgängern. (2) 900-954: die Zeit der Rückeroberung der englischen Gebiete aus der Herrschaft der Wikinger und der Ausdehnung der Oberhoheit in den Regierungsperioden von Edward dem Älteren, Æthelstan, Edmund und Eadred. (3) 980-1016: die Zeit der erfolglosen englischen Verteidigung gegen die zweite Welle der Wikingereinfälle während der Regierungen von Æthelred Unready und Edmund Ironside, die von der Eroberung Englands durch den Dänenkönig Knut den Großen beschlossen wurde. (4) 1048-1066: im Gegensatz zu den anderen Perioden eine Zeit von nicht sehr zahlreichen und isoliert stehenden Feldzügen gegen wechselnde und unterschiedliche Gruppen von Gegnern in den Regierungsperioden von Edward dem Bekenner und Harold Godwinson; bis 1066 nur kleinere innerenglische oder englisch-walisische Auseinandersetzungen, dann jedoch die fast gleichzeitigen Angriffe von Harald Hardrada im Norden und Wilhelm dem Eroberer im Süden, die mit der normannischen Eroberung Englands endeten.

Vom Beginn der Wikingereinfälle bis zur endgültigen Eroberung Englands durch die Dänen 1016 also waren die militärischen Ereignisse Elemente eines "übergreifenden", sich kontinuierlich entwickelnden Kriegsgeschehens,[15] bei dem die Feind- bzw. "Freund"-bilder auf beiden Seiten relativ klar durch ethnische Zugehörigkeit definiert waren. Auf angelsächsischer Seite verwandelte sich im Lauf der Zeit die lose - und zum Teil auch nur widerwillig geduldete - Allianz der Kleinkönigtümer unter westsächsischer Dominanz in ein zunehmend zentralistisches, nationähnliches Gebilde, in das bei Ende der längeren Friedensperiode 980 auch die neuen anglo-dänischen Elemente der Bevölkerung integriert waren. Auf der Seite der Gegner standen diverse Banden und Armeen mit unterschiedlichen Intentionen und von unterschiedlicher Herkunft (Dänen, Norweger, irische Wikinger), aber in jedem Falle Nicht-Angelsachsen, 'Ausländer'. In der letzten Periode dagegen lag zum einen kein kontinuierliches Kriegsgeschehen vor, zum anderen waren die Feindbilder nicht mehr so eindeutig: Nicht nur im Falle der fast bis zum Bürgerkrieg entgleisenden Machtkämpfe zwischen der Godwinsippe und den übrigen englischen Magnaten,[16] auch bei den Auseinandersetzungen mit dem Waliser Gruffydd, der ja einen englischen Fürstensohn auf seiner Seite hatte, lagen die Loyalitäten offenbar komplizierter. Und auch Harald Hardrada hatte (neben einem eher nebulösen Anspruch auf den englischen Thron) den Bruder des englischen Königs in seinem Gefolge, während William der Normanne sich sogar auf eindeutige Rechte auf die englische Krone berufen konnte.

Im weiteren Verlauf wird sich zeigen, ob und wie diese politischen und militärischen Gegebenheiten auf die Darstellungen der Chroniken Einfluß nehmen und in ihnen ein Echo finden.

2.2   Das Kriegswesen der Angelsachsen

Das Kriegswesen der Angelsachsen, also die Kriegführung auf der einen und die Institution des militärischen Apparates als solchem auf der anderen Seite,[17] ist in den Quellen unter-

---

15 Die Bezeichnung 'Krieg' mit ihren Implikationen von zentraler Planung, Koordination und Zielgerichtetheit scheint mir unangemessen für eine Folge von zwar im selben Kontext stehenden, aber dennoch isolierten Feldzügen und Gefechten.

16 Hier sei in Erinnerung gerufen, daß die herrschende Klasse Englands zu dieser Zeit recht heterogen zusammengesetzt war aus "alten" angelsächsischen Adligen, Anglo-Dänen, Dänen, die während der Regierung Knuts zu Macht gekommen waren, und Normannen, die von König Edward dem Bekenner ins Land gerufen und mit Einfluß ausgestattet worden waren.

17 Ich wähle hier, abweichend von Clausewitz, 'Kriegswesen' als Oberbegriff, um auch Entstehung und Konstitution des Militärapparates, den Clausewitz ja als gegeben voraussetzt, darunter fassen zu können.

schiedlich ausführlich, aber in keinem Falle wünschenswert ergiebig dokumentiert. Während Erkenntnisse über die angelsächsische Kriegführung fast ausschließlich auf einige wenige narrative Quellen (Beda, die Chronik, Asser und das *Battle of Maldon*) angewiesen sind, kann sich die Forschung in der Frage nach den Institutionen und den ihnen zur Verfügung stehenden Mitteln außer auf die genannten literarischen Texte auf recht reichliches, aber oft uneindeutiges oder zweifelhaftes Material in Form von Gesetzestexten, Urkunden, administrativen Dokumenten und nicht zuletzt archäologischen Erkenntnissen stützen. Dementsprechend haben sich Militärhistoriker zumeist weniger mit den praktischen Aspekten mittelalterlichen Kriegswesens auseinandergesetzt[18] als mit der institutionellen Seite, doch auch hier sind zentrale Fragen sehr kontrovers diskutiert oder als nicht lösbar offengelassen worden.

An erster Stelle ist hier das Problem der Wehrpflicht und der Zusammensetzung der *fyrd*, der angelsächsischen Truppen, zu nennen. Es besteht weitgehend Einigkeit über die Existenz einer allgemeinen Verpflichtung zu bestimmten wehrdienstlichen Aufgaben, der *common burdens*, bestehend aus Dienst in der *fyrd*, Festungs- und Brückenbau. Die einzelnen Elemente dieser *burdens* entwickelten sich regional unterschiedlich. Der früheste Beleg für die Verpflichtung zum Heeresdienst, dem vermutlich ältesten dieser Elemente, stammt aus den Gesetzen des westsächsischen Königs Ine (688-726).[19] Die Etablierung aller drei Aufgabenbereiche als feste Bestandteile einer wehrdienstlichen Verpflichtung im gesamten angelsächsischen Machtbereich kann für die Mitte des neunten Jahrhunderts als vollzogen betrachtet werden.[20] Diese Verpflichtung war an den Besitz von Land gekoppelt, und zwar dergestalt, daß jeweils fünf 'hides'[21] einen Mann in die *fyrd* zu entsenden hatten und einen Mann pro 'hide' für Festungs- und Brückenbau. Die Einigkeit endet jedoch bei der Frage nach der Zusammensetzung der *fyrd*. Während im 19. Jahrhundert das angelsächsische Heer als eine Truppe von freien Bauern angesehen wurde, plädierten um die Jahr-

---

18 Und dies zudem häufig in der "sterile form of the quest for the 'Holy Grail' of decisive battles" (Nicholas Hooper, "The Anglo-Saxons at War", *Weapons and Warfare in Anglo-Saxon England*, ed. S. C. Hawkes, Oxford, 1989, p. 191; ähnlich Philippe Contamine, *War in the Middle Ages*, Oxford, 1984, pp. 208f.).

19 Nicholas P. Brooks, "The Development of Military Obligations in Eighth- and Ninth-Century England", *England Before the Conquest: Studies in Primary Sources Presented to Dorothy Whitelock*, ed. Peter A. Clemoes and Kathleen Hughes, Cambridge, 1971, pp. 69-84; hier p. 69.

20 Brooks, "Development".

21 Ein 'hide' war die Existenzgrundlage an Landbesitz eines bäuerlichen Haushalts. Über den tatsächlichen Umfang einer solchen Einheit ist nichts Genaues bekannt; er variierte von Gegend zu Gegend und wird geschätzt auf zwischen ungefähr 16 und 48 ha liegend. (Frank Merry Stenton, *Anglo-Saxon England*, Oxford, [3]1971, p. 279).

hundertwende einige Historiker für ein aus Aristokraten zusammengesetztes Heer bzw. für eine baldige Entwicklung in eine solche Richtung, ohne jedoch erwähnenswerte Zustimmung zu finden.[22] Die Auffassung von einer Armee der Bauern - und in diesem Zusammenhang ein Durcheinander von Ansichten über die Basis der Verpflichtung, territorial oder personal[23] - hielt sich, mit der Unterstützung von Sir Frank Stenton,[24] bis Warren Hollister[25] 1962 den schnell zur Doktrin gewordenen Kompromiß von zwei alternativ auftretenden Spielarten der *fyrd* anbot: zum einen die aus Adligen und ihren Gefolgsleuten, also professionellen Kriegern bestehende 'select *fyrd*', die in spätaltenglischer Zeit die Hauptlast der militärischen Unternehmungen trug, und zum anderen die 'great *fyrd*', der alle wehrfähigen freien Männer angehörten, die vielzitierte "nation in arms". Hollisters These, "elegant in conception and persuasive in presentation",[26] ist jedoch in jüngerer Zeit aufgrund mangelnder oder nicht überzeugender Quellenbelege angezweifelt bzw. zurückgewiesen worden.[27] Es wird argumentiert, daß man zwar wirklich zwei verschiedene Typen der *fyrd* ausmachen könne, jedoch liege der Unterschied nicht im Sozialstatus der Kämpfenden, sondern allein in geographischer Herkunft, Aktionsradius und Größe der Armee. Neben kleineren, regionalen Truppen eines oder mehrerer *shires* habe es das nationale Heer gegeben, bestehend aus den vereinten Streitkräften mehrerer *ealdordoms* unter der Führung des Königs, beide Typen der *fyrd* jedoch gleichermaßen aus Kriegern, nicht Bauern rekrutiert.[28] Die Verpflichtung zum Wehrdienst beruhte während der gesamten angelsächsischen Zeit auf Gefolgschaftsbindungen; aufgrund des zunehmenden militärischen Drucks durch die Wikinger

---

22 Vgl. Richard Abels, *Lordship and Military Obligation in Anglo-Saxon England*, Berkeley, Los Angeles and London, 1988, pp. 3f. u. Anm.

23 C. Warren Hollister, *Anglo-Saxon Military Institutions*, Oxford 1962, p. 2.

24 Stenton, *Anglo-Saxon England*, pp. 290f.

25 Hollister, *Institutions*.

26 Abels, *Military Obligation*, p. 5.

27 Vgl. Nicholas P. Brooks, "Arms, Status and Warfare in Late Anglo-Saxon England", *Ethelred the Unready: Papers from the Millenary Conference*, ed. David Hill, Oxford, 1978, pp. 81-104 (vorsichtige Skepsis); Nicholas Hooper, "Anglo-Saxon Warfare on the Eve of the Norman Conquest", *Proceedings of the Battle Conference on Anglo-Norman Studies*, I, 1978, ed. R. Allen Brown, Woodbridge, 1979, pp. 84-93; Abels, *Military Obligation*; ders., "English Tactics, Strategy and Military Organization in the Late Tenth Century", *The Battle of Maldon AD 991*, ed. Donald G. Scragg, Oxford, 1991, pp. 143-155 (Ablehnung).

28 Abels, "Tactics", pp. 145f.

wurde sie dann ausgeweitet auf an vom König erhaltenen Landbesitz gebundene, aber nicht unbedingt einheitliche Verpflichtungen.[29]

Je nach militärischer Notwendigkeit und Finanzlage hielten sich die angelsächsischen Könige neben der *fyrd* noch Söldnertruppen, die mit Geld (und Beute), nicht mit Land entlohnt wurden und bei Nicht-Bedarf wieder entlassen werden konnten. Entscheidende Bedeutung kam diesen Söldnertruppen erst im 11. Jahrhundert zu,[30] zuerst mit den dänischen Verbänden, die Æthelred gelegentlich auf seiner Seite in Lohn hatte, später dann mit den Truppen, die sich Knut der Große und seine Nachfolger als Verstärkung ihrer permanenten Streitkräfte hielten. Die von Knut eingeführte Truppe von Gefolgsleuten, die 'housecarles', ein besonders gut ausgerüsteter und disziplinierter Verband von Berufssoldaten, wurde ergänzt durch die *lithsmen*, Söldner, die sowohl zu Wasser als auch zu Lande eingesetzt werden konnten. Daneben gab eine ausschließlich der Marine angehörende Gruppe der *butsecarls* ('boatmen'), die in den Seehäfen von Kent und Sussex angesiedelt waren, und bei denen es sich entweder um Söldnergarnisonen handelte oder um Einwohner dieser Städte, die zu speziellen Diensten in der Flotte verpflichtet waren, woraus sich dann später der besondere Status der Cinque Ports ergab.[31]

Die Verpflichtung zum Dienst in der *fyrd* galt gleichermaßen für *landfyrd* und *scipfyrd*, je nach Bedarf, und so kämpften möglicherweise (außer bei zeitgleichen Operationen) dieselben 'Gesandten' der fünf-'hides'-Einheiten bei beiden Streitkraftformen, da dies kaum unterschiedliche Ausrüstung oder Ausbildung erforderte.[32] Während das stehende Heer aus Mitteln einer speziellen Steuer, dem *heregeld* entlohnt wurde, taxiert auf der territorialen Basis der 'hides', gab es ab 1008 für die Ausrüstung und Instandhaltung der Flotte ein eigenes, gleichfalls auf territorialer Basis beruhendes System der Finanzierung, die sogenannten 'shipsokes'. Jeweils ein 'shipsoke', wahrscheinlich bestehend aus 300 'hides', hatte ein Schiff zu liefern und für seine Besatzung zu sorgen, wobei im Inland gelegene Bezirke,

---

29 Abels, *Military Obligation*, pp. 185f.

30 Vereinzelte Fälle traten schon vorher auf; so soll nach T. D. Kendrick, *A History of the Vikings*, London, 1930, p. 252, 937 in der Schlacht von Brunanburh eine Truppe von 300 isländischen Wikingern auf Æthelstans Seite gekämpft haben.

31 Nicholas Hooper, "Some Observations on the Navy in Late Anglo-Saxon England", *Studies in Medieval History Presented to R. Allen Brown*, ed. Christopher Harper-Bill *et al.*, Woodbridge, 1989, pp. 206f.

32 Hollister, *Institutions*, pp. 104ff.; Hooper, "Warfare", p. 85.

denen die Möglichkeiten zum Schiffsbau fehlten, ihre Verpflichtungen ersatzweise mit einer Geldsumme, dem *scipgesceot* abgelten konnten.[33] Außerdem scheint es, daß wohlhabende Personen gelegentlich Schiffe zur Verfügung stellten, die zwar während ihres Einsatzes vom Gemeinwesen unterhalten wurden, aber im Besitz der Individuen verblieben.[34]

Waffen und Ausrüstung waren für die Angelsachsen nicht nur in Kriegszeiten wichtig, sondern auch ein Symbol des jeweiligen Sozialstatus: Während die Bewaffnung des freien *ceorl* aus Schild und Speer bestand, war ein Krieger vom Rang eines einfachen *thegn* aufwärts zusätzlich mit Schwert, Helm, Kettenhemd (mit oder ohne Halsberge) und Pferd inklusive Sattel und Zaumzeug ausgerüstet. Dazu kam oft noch die Kampfaxt, deren Gebrauch die Angelsachsen von den Wikingern übernommen hatten und die besonders bei den 'housecarles' des 11. Jahrhunderts sehr beliebt war.[35] Diese Ausrüstungsbestandteile sind durch Gräberfunde, *heregeatu*-Verordnungen, Testamente und nicht zuletzt den Teppich von Bayeux zur Genüge belegt.[36] Ungeklärt ist dagegen die Frage nach der Verwendung und der taktischen Bedeutsamkeit des Bogens. Das Fehlen jeglicher Erwähnung von kriegerisch eingesetzten Bogen in den nichtliterarischen Quellen, besonders in den *heregeatu*-Aufzählungen,[37] scheint Übergewicht gegenüber dem nicht sehr klaren Verweis im *Battle of Maldon*[38] und der Präsenz des einsamen englischen *archer* (unter 28 normannischen) auf dem Teppich von Bayeux[39] zu haben. 1952 versuchte Richard Glover[40] jedoch eine Rehabilitation der angelsächsischen Bogenschützen: Die Abwesenheit derselben bei der Schlacht von Hastings sei damit zu erklären, daß sie vorher mit Harold bei Stamford Bridge gekämpft hätten und als rangniedere, unberittene *ceorls* das forcierte Tempo des Marsches nach Süden nicht hätten mithalten können. Ferner sei durch umfangreiches Material, allerdings aus der

---

33 Hollister, *Institutions*, pp. 11, 114.

34 Hooper, "Navy", p. 210.

35 Charles Oman, *A History of the Art of War in the Middle Ages*, vol. 1: A.D. 378-1278, New York, [2]1924, repr. 1959, p. 129.

36 *Ibid.*, pp. 126-130; Brooks, "Arms, Status and Warfare"; Ian Peirce, "Arms, Armour and Warfare in the Eleventh Century", *Anglo-Norman Studies X. Proceedings of the Battle Conference 1987*, ed. R. Allen Brown, Woodbridge, 1988, pp. 237-257.

37 Vgl. Brooks, "Arms, Status and Warfare".

38 "Bogan wæron bysige", Z. 110.

39 Peirce, "Arms", p. 248.

40 Richard Glover, "English Warfare in 1066", *English Historical Review* 67 (1952), pp. 1-18.

Zeit nach 1066, eine weitverbreitete Praxis des Bogenschießens im England des 11. Jahrhunderts belegt. Hollister akzeptiert Glovers Argumentation als prinzipiell plausibel, hält die Einbeziehung von Bogenschützen in die 'select *fyrd*' für wahrscheinlich, aber die Frage an sich mangels Belegen für unlösbar.[41] In jüngerer Zeit ist Glovers Argumentation abgewiesen und die strittige Frage erneut als nicht beantwortbar erklärt worden; man könne aus dem Fehlen von Belegen nicht schließen, daß die Angelsachsen keine Bogenschützen in ihren Truppen eingesetzt hätten, aber es sei zulässig zu behaupten, sie seien wohl nicht in bemerkenswerter Zahl aufgetreten und hätten dementsprechend keine entscheidende taktische Rolle gespielt.[42]

Eine gleichfalls strittige Frage ist die nach dem Gebrauch von Pferden in den angelsächsischen Armeen. Daß die angelsächsischen Krieger beritten waren, war und ist unbezweifelt,[43] aber die allgemeine Ansicht geht dahin, daß sie nicht zu Pferd kämpften, sondern, wie im *Battle of Maldon* beschrieben, abstiegen, die Pferde abseits in Sicherheit brachten und zu Fuß in die Schlacht zogen. Glover[44] brachte jedoch die These auf, daß die 'housecarles' des 11. Jahrhunderts sehr wohl eine Kavallerietruppe gebildet haben könnten. Er argumentiert, daß die 'housecarles' ein neues, nicht traditionelles Element der Streitkräfte darstellten und von daher nicht mit der traditionellen *fyrd*[45] gleichgesetzt werden könnten; ferner habe König Harold in der Normandie Kavallerieerfahrung gesammelt, die er durchaus an seine Elitetruppe weitergegeben haben könnte. Als Beleg beruft er sich auf eine Schilderung der Schlacht von Stamford Bridge aus der *Heimskringla Saga* (13. Jh.), die die Engländer als zu Pferd kämpfend beschreibt, jedoch allgemein aufgrund unstimmiger Fakten als unzuverlässig abqualifiziert wird. Dementsprechend wurde Glovers These zwar zurückgewiesen, hat aber eine weniger kategorisch-strikte Auffassung als bis dahin zu diesem Problem bewirkt. Die Meinung geht seitdem dahin, daß die Angelsachsen zwar

---

41 Hollister, *Institutions*, pp. 138f.

42 Hooper, "Anglo-Saxons at War", pp. 199f.; auch Jim Bradbury, *The Medieval Archer*, Woodbridge, 1985, pp. 17-22.

43 Die Auffassung, die alfredischen Krieger hätten den Gebrauch von Pferden als militärisches Transportmittel erst von den Wikingern gelernt, ist von J. H. Clapham, "The Horsing of the Danes", *English Historical Review* 25 (1910), pp. 287-293, überzeugend widerlegt und seitdem nicht mehr aufgebracht worden.

44 Glover, "Warfare".

45 Über die *fyrd* von Hertfordshire heißt es in einem Chronikeintrag zu 1055, sie seien aus dem Kampf geflohen, weil man sie gezwungen habe, zu Pferd zu kämpfen; diese Textstelle wird allgemein als Beweis gegen eine englische Kavallerie gewertet.

keine Schlachten mit Kavallerie ausgetragen haben, aber daß sie durchaus in der Lage waren, etwa bei kleineren Scharmützeln oder bei Verfolgungen vom Pferderücken aus zu kämpfen.[46]

Nach diesem Überblick über die Zusammensetzung und Organisation nun zur eigentlichen Kriegführung der angelsächsischen Streitkräfte:

In der jüngeren Forschung besteht weitgehend Einigkeit darüber, daß regelrechte Schlachten, wenn nicht eine Position von außerordentlicher Überlegenheit gegeben war, so weit wie möglich vermieden wurden. Sie stellten ein unberechenbares Risiko dar, das sich zumeist nicht lohnte, da solche "pitched battles" nur selten eine wirkliche Kriegsentscheidung herbeiführten.[47] Verwüstungen und Plünderungen spielten dagegen eine wichtigere Rolle, da sie einerseits dem Feind physischen und psychischen Schaden zufügten und andererseits die eigene Versorgung und auch materielle Bereicherung (von Beute bis zu Tributzahlungen) gewährleisteten.[48]

Eine Einschätzung der Kriegskunst der Angelsachsen, besonders der im Gefecht angewandten Taktiken, ist aufgrund der Kargheit der Quellen zum Teil eine reine Glaubensfrage. Die einzige dokumentierte Gefechtstaktik ist die Formation des sogenannten 'shield-wall', belegt durch diverse poetische und historiographische Quellen für die gesamte Periode vom 9. Jahrhundert bis zur Schlacht von Hastings. Der 'shield-wall' war eine möglichst kompakte, aber dennoch Bewegungsfreiheit gewährleistende Formation mit den besten und verläßlichsten Kämpfern vorn und in der Mitte, die sowohl statisch-defensiv als auch mobil eingesetzt werden konnte.[49] Während zwei solcher 'shield-walls' gegeneinander vorrückten oder sich im Kampf kurzfristig wieder trennten, wurden diverse Wurfgeschosse hin und hergeschickt; trafen sie sich, hackte und schlug man aufeinander los, bis eine Seite die Nerven verlor und floh.[50] Die negative Evidenz des vorliegenden Materials bezüglich dif-

---

46 Vgl. Raymond Charles Smail, "Art of War", *Medieval England*, ed. Austin Lane Poole, vol. 1, Oxford, 1958, p. 132; Hollister, *Institutions*, p. 140; Hooper, "Anglo-Saxons at War", p. 200; Abels, "Tactics", p. 91.

47 Vgl. Hooper, "Anglo-Saxons at War", p 197; Contamine, *War*, pp. 228f.; John Gillingham, "Richard I and the Science of War", *War and Government in the Middle Ages: Essays in Honour of J. O. Prestwick*, ed. John Gillingham and C. Holt, Woodbridge, 1984, pp. 82f.

48 Hooper, "Anglo-Saxons at War", p. 193; Gillingham, "Science of War", pp. 84f.

49 Abels, "Tactics", p. 149.

50 Vgl. Hooper, "Warfare", p. 93, "Anglo-Saxons at War", p. 200; Abels, "Tactics", p. 91.

ferenzierteren Feinheiten der Kriegführung hat zur Folge, daß die meisten Militärhistoriker die angelsächsische Kriegskunst als mehr oder weniger "simple" bewerten. Omans vernichtendes Urteil, das lange Zeit als maßgeblich akzeptiert worden ist, war geprägt von der Ansicht, daß das mittelalterliche Kriegswesen schlechthin strategisch und taktisch unreif war und zudem (bestätigt durch den Ausgang der Schlacht von Hastings) eine reine Infanterie als Streitmacht nie besonders effektiv sein kann. Glover und bald darauf auch Hollister waren die ersten, diese Einschätzung anzuzweifeln und stattdessen eine andere Erklärung für die Niederlage von Hastings bzw. die skandinavische Eroberung zu suchen. Glovers beissende Attacke[51] gegen das traditionelle Bild beschränkt sich auf eine Untersuchung der Ereignisse von 1066. Er versucht zum einen, das Vorhandensein sowohl von Bogenschützen als auch Kavallerie auf englischer Seite nachzuweisen und zum anderen, dem normannischen Heer den Ruch der haushohen Überlegenheit in Sachen Taktik zu nehmen. Nicht mangelnde Kriegskunst, sondern den Zustand der englischen Truppen, erschöpft von dem Eilmarsch von Stamford Bridge, sieht er als maßgeblich für die Niederlage an:

> Harold's loss of life and throne, with such consequences for England, were not due to his country's 'decadence' or his army's obsolescence. Rather these events spring from his own impetuosity, from the superb over-confidence engendered by his splendid triumph at Stamford Bridge, from the impatience with which, as former earl of Wessex, he heard of violence done to his own people at Pevensey and Hastings.[52]

Hollisters Versuch einer Rehabilitation der englischen Kriegskunst befindet für die skandinavische Eroberung:

> Under the circumstances, the Danish successes during these years do not betoken an inadequate organization of the English army or the obsolescence of English tactics. The failure was the result of wretched overall leadership combined with widespread disloyalty resulting from divided allegiance on the part of the Anglo-Danes."[53]

Bezüglich Hastings folgt er im wesentlichen Glover, wenn auch deutlich zurückhaltender in der Frage der Bogenschützen und Kavallerie. Er argumentiert, daß die englische Position vielversprechend, die englische Infanterie der normannischen überlegen, aber fatalerweise

---

51 Glover, "Warfare".

52 Glover, "Warfare", p. 18. (Obwohl Glover hier die Parallele zu Byrhtnoth geradezu herausfordert, verzichtet er auf einen entsprechenden Kommentar.)

53 Hollister, *Institutions*, p. 147.

durch die Kämpfe im Norden unvollständig und geschwächt war, und kommt zu dem
Schluß: "England's defeat was the result of an almost unbelievable run of bad luck."[54]

Seit die traditionellen Ansichten über die Primitivität angelsächsischer Kriegskunst
keinen Bestand mehr haben und zudem die Tendenz dahin zu gehen scheint, weniger aus-
gewählte Schlachten als vielmehr den gesamten militärischen Kontext einer Epoche zu
betrachten, findet auch das Befestigungssystem der Angelsachsen nicht nur als Indiz für die
planerischen Fähigkeiten eines einzelnen Herrschers Beachtung, sondern wird auch in seiner
Funktion im Rahmen einer Gesamtstrategie gesehen. Das System der befestigten *burhs*
wurde Ende des 9. Jahrhunderts - den Angelsachsen vorher unbekannt[55] - von König Alfred
ins Leben gerufen und in den folgenden Dekaden von seinem Sohn und Nachfolger Edward
perfektioniert. Es bot nicht nur Schutz und Zuflucht für die Bevölkerung oder versprengte
Truppenteile, sondern war integriert in ein übergreifendes "defense-in-depth system": *fyrd*
und Garnisonen operierten gemeinsam in konzertierten Aktionen.[56] Die Reduzierung der
burhs ab der Mitte des 10. Jahrhunderts auf ihre simple Schutzfunktion, ohne feste
Bemannung und unter Vernachlässigung und schließlich Verfall der Befestigungsanlagen,
war vermutlich ein entscheidender Grund für die Erfolglosigkeit der englischen Verteidigungsanstrengungen in der Ära Æthelred.[57] Ferner gibt es sowohl für das frühe 10. als
auch für das 11. Jahrhundert mehrfach Belege für eine andere Art strategischen Zusam-
menspiels aufeinander abgestimmter, zeitgleicher Operationen von *landfyrd* und *scipfyrd*.[58]
Vor diesem Hintergrund erschließt sich der jüngeren Forschung der Eindruck, daß die angelsächsische Kriegskunst weder unterentwickelt primitiv noch zwangsläufig ineffektiv gewesen sein muß:

> Although campaigns are usually too badly documented to discern it, a sense
> of strategy was not absent. If English tactics in battle appear to have been
> relatively simple, they brought victory over the other inhabitants of Britain
> and the Scandinavian invaders. It is possible to conclude with confidence,

---

54 *Ibid.*, p. 151.

55 Vgl. Leslie Alcock, *Economy, Society and Warfare Among the Britons and Saxons*, Cardiff, 1987, p. 307.

56 Abels, *Military Obligation*, p. 68.

57 Abels, "Tactics", p. 144, auch *Military Obligation*, p. 92; Hollister, *Institutions*, p. 144.

58 Vgl. Hooper, "Anglo-Saxons at War", p. 198.

then, that the Anglo-Saxons were not ignorant of the science of war and that their methods were adaptable.[59]

2.3 Definition der Kriegskunst und ihrer Bestandteile[60]

Unter dem Oberbegriff Kriegskunst sind folgende Bestandteile zusammengefaßt: (1) die eigentliche Kriegführung, nämlich die Anordnung und Führung des Kampfes; (2) die Vorbereitung, worunter Aushebung, Bewaffnung, Ausrüstung und Übung zu verstehen sind. Dem letzteren Bestandteil wird ferner die Erhaltung der Streitkräfte, d.h. Ernährung, Krankenpflege und Ausrüstungsersatz, hinzugerechnet, da diese Aspekte, obwohl sie auch die kriegerische Handlung mit durchziehen, immer auch als Vorbereitung zum Kampf zu betrachten sind. Die Kriegführung, die Kriegskunst im engeren Sinne, teilt sich in die Taktik, die Lehre vom Gebrauch der Streitkräfte im Gefecht, also deren Führung im Kampf, und in die Strategie, die Lehre vom Gebrauch der Gefechte zum Zweck des Krieges, also über das einzelne Gefecht hinausreichende, am Gesamtziel orientierte Operationsplanungen.

Zu den Gegenständen der Kriegführung zählen außer dem Gefecht noch Märsche, Lager und Quartiere. Märsche können zum einen integrierender Bestandteil des Gefechts sein, was sie zum Gegenstand der Taktik macht, zum anderen können sie außerhalb des Gefechts stattfinden, womit sie ein strategisches Instrument darstellen. Lager bezwecken vornehmlich die Deckung einer Gegend oder die Behauptung einer Stellung und bilden eine schlagfertige Aufstellung der Truppen, während Quartiere in erster Linie der Ruhe und Erholung der Streitkräfte dienen. Beide sind bezüglich Lage und Ausdehnung Gegenstände der Strategie, da sie das Gefecht auf einen bestimmten Ort festlegen; sie sind Gegenstände der Taktik bezüglich ihrer auf Gefechtsbereitschaft gerichteten inneren Einrichtung. Letztlich ist noch zu den zur Erhaltung der Streitkräfte (die ja, wie oben gesehen, mit dem Kampf in Wechselwirkung stehen kann) zählenden Aspekten anzumerken, daß hier einzig dem Aspekt der Ernährung eine größere Bedeutung zukommt. Die Ernährung steht den gefechtsbestimmten Aspekten am nächsten, da die Sorge für den Unterhalt der Truppen die Strategie eines Feldzuges oder Krieges mitbestimmt. Krankenpflege und Ergänzung der Ausrüstung üben dagegen nur einen sehr schwachen und mittelbaren Einfluß aus.

---

59 *Ibid.*, p. 201.

60 Meine Ausführungen in diesem Abschnitt folgen dem Kriegstheoretiker General Carl von Clausewitz, *Vom Kriege*, Berlin und Leipzig, [13]1918.

Ich werde im weiteren Verlauf Clausewitz' Terminologie und seinen Definitionen folgen, besonders betreffend der Unterscheidung zwischen eigentlicher kampfbezogener Kriegführung und den anderen Bestandteilen der Kriegskunst und ihren einzelnen Aspekten sowie der Unterscheidung von taktischen und strategischen Gegenständen der Kriegführung. Es wird sich allerdings zeigen, daß sich die in den Chroniken geschilderten Kriegsereignisse sehr oft einer kriegstheoretischen Einordnung entweder völlig entziehen oder zumindest eine weite Auslegung bzw. Modifizierung dieser Kategorien erfordern. Dennoch ist dieser theoretische Begriffsapparat hilfreich, wenn es darum geht, die Ereignisabläufe zu erfassen und zu beschreiben.

2.4 Der Kriegshandlungsablauf in den Chronikschilderungen

Um den inhaltlichen Aspekt der Darstellung von Kriegskunst zu bewerten, so gilt es zunächst, den Informationsgehalt der Schilderungen bezüglich der Vollständigkeit oder Unvollständigkeit der zu einem Gefecht bzw. Feldzug gehörenden Abläufe zu erfassen. So läßt sich ein Bild gewinnen von der möglichen Breite und auch den Begrenzungen dieser Kriegsberichterstattung sowie gegebenfalls vom dem Darstellungsgeschick der Berichterstatter. Darüber hinaus sind nicht alle Informationen, die in einer solchen Schilderung vorhanden sein können, abhängig von dem Kenntnisstand des jeweiligen Chronisten oder dem Detailreichtum der von ihm benutzen Quelle. Jeder Ablauf einer Kriegshandlung beinhaltet ereignisimmanente Konstanten, die zwangsläufig von der Handlung selbst vorgegeben werden, beispielsweise die Bewegung der Streitkräfte zum Ort des Gefechts oder die Kenntnisnahme der Verteidigenden von einem offensiven Akt der Gegner. Somit kann das Vorhandensein solcher Informationen Auskunft geben über das grundsätzliche Kriegskunstverständnis der Schreiber.

Eine vollständige Schilderung einer Kriegshandlung enthält im Idealfall folgende Handlungselemente - die Reihenfolge ist, abgesehen von gewissen Vorgaben, die durch die Chronologie der Gesamthandlung bedingt sind, variabel:

- AUSLÖSER	Her com micel here to X and oferhergode Y.
- KENNTNISNAHME	þa se cyng þæt hierde, þa ...
- VORBEREITUNG	þa gegaderode he his fierde.
- TRUPPENBEWEGUNG	þa rad sio fierd to X.
- PLANUNG	he gewicode ... swa þæt he mehte ægþerne [here] geræcan.
- AKTION	**Gefecht/Feldzug; Angriff/Belagerung einer Festung**
- AUSGANG	þa Deniscan ahton wælstowe gewald.
- KONSEQUENZEN	namon West Seaxe friþ wiþ þone here.

Die Chronikschilderungen liegen jedoch in solch vollständiger Form sehr selten vor, sondern sie enthalten zumeist nur einen mehr oder weniger großen Teil der obengenannten Handlungselemente. Hierbei ist nun ein grundlegender Unterschied festzuhalten zwischen Basisinformationen, die nur das Stattfinden einer Aktion und ihren Ausgang vermitteln, also lediglich die für das Verständnis des Ereignisses unbedingt erforderlichen Fakten anführen (beispielsweise A 840: "Her Æþelwulf cyning gefeaht æt Carrum wiþ xxxv sciphlæsta, 7 þa Deniscan ahton wælstowe gewald"), und darüber hinausgehenden Informationen, die zusätzlich zu diesen Basisinformationen weitere Handlungselemente in die Darstellung einbeziehen. Wenn eine Schilderung noch nicht einmal die Basisinformationen liefert, also ein für das Verständnis des Ereignisses wesentliches Faktum vermissen läßt, ist dies ein deutlicher Indikator für einen Mangel an Kriegskunstverständnis wie auch an Darstellungsvermögen des Chronisten. Zu den Gefechten ist weiterhin festzuhalten, daß sich deren Darstellung zumeist in dem Vermerk der Tatsache, daß gekämpft worden ist, erschöpft und keine Einzelheiten des Kampfes dokumentiert. Dies gilt auch für ansonsten sehr ausführliche und detailfreudige Schilderungen, was die Schlußfolgerung nahelegt, daß die Gründe hierfür weniger in der Anlage der Berichte als in dem begrenzten Informationsstand der Chronisten zu suchen sind.

Das Handlungselement 'Truppenbewegung' kann zum einen lediglich die Bewegung der Streitkräfte zum Ort des Gefechts beinhalten. In diesem Fall ist es von dem jeweiligen Informationsstand des Chronisten unabhängig, da diese Bewegung zwangsläufig stattgefunden haben muß, sofern es nicht um die Abwehr einer Festungsbelagerung geht. Zum anderen kann es auch gefechtsbezogene Märsche, Verfolgungs- oder Abfangmanöver, darstellen und somit taktische Aspekte vermitteln. Daher gibt dieses Handlungselement Aufschluß über das kriegstechnische Verständnis des Schreibers, eröffnet ihm jedoch auch die Möglichkeit, einen Kriegführer hervorzuheben, indem er seine leitende Präsenz betont oder ihn gar als *pars pro toto* anstelle der Armee marschieren läßt.

Das Handlungselement 'Vorbereitung' beinhaltet fast ausschließlich die Aushebung, Zusammenziehung oder Entsendung von Streitkräften und ist somit auch ein obligatorischer Bestandteil jedes Kriegsgeschehens. Als solches ist es ebenfalls vom Informationsstand des Chronisten unabhängig und als Indikator für das Kriegskunstverständnis des Chronisten zu werten. Ferner kann hier gleichfalls ein Kriegführer in seiner Rolle als Lenker bzw. Planer hervorgehoben werden.

Was nun das Konzept 'Planung' angeht, so dürfen hier generell keine allzugroßen Erwartungen an die Angelsachsenchronik gestellt werden, die in ihrer annalistischen Anlage im wesentlichen handlungsorientiert ist. Die tatsächliche Darstellung von Planung, die ja eine Thematisierung von Denk- oder Beratungsvorgängen beinhalten muß, taucht dementsprechend - abgesehen von den bemerkenswerten Kriegsratschilderungen der Æthelredchronik - nur selten auf, und dann auch nur in eher angedeuteter Form. Im Rahmen der retrospektiven, überwiegend situationsspezifischen Ereignisschilderungen der Chronik erscheint Planung hauptsächlich als 'zukunftsbezogenes Handeln', dem natürlich in irgendeiner Form ein Planungsvorgang vorausgegangen sein muß (beispielsweise A 917: "se cyng hæfde funden þæt him [den Wikingern] mon sæt wiþ [...] þæt hie ne dorston þæt land nawer gesecan [...]"), oder - häufiger - als impliziertes zukunftsbezogenes Handeln, wie es sich etwa in dem Verb *forfaran* (=jemandem den Weg abschneiden) ausdrückt. Gleichfalls häufig erscheint das Konzept Planung in Form einer - Planung implizierenden - Absichtserklärung durch einen finalen Nebensatz oder Verben wie *wyllan*, *sculan* (E 1000: "his scipu wendon ut abuton Legceastre and sceoldan cumon ongean hine").

Das Handlungselement der 'Kenntnisnahme' der Situation durch die Handelnden tritt nur selten auf, ist aber zur Bewertung des Kriegskunstverständnisses der Chronisten hochinteressant. Es impliziert ein Bewußtsein für die essentielle Wichtigkeit des Nachrichtenwesens für die Kriegführung als Voraussetzung für situationsbezogenes Handeln und ist außerdem nicht an den Informationsstand des Schreibers gebunden, kann also sozusagen als 'frei verfügbarer Schnörkel' eingesetzt werden. Darüber hinaus hebt es auch einen Kriegführer als verantwortungsbewußten Lenker und Leiter hervor. Zu dieser Finesse der Darstellung von Kriegskunst finden jedoch hauptsächlich die späteren Schreiber Zugang, während es den alfredischen und edwardischen Chronisten noch weitestgehend verschlossen bleibt.

Die Elemente 'Auslöser' und 'Konsequenzen' schließlich sind eher darstellerische Abrundungen, die für das Verständnis des Kriegshandlungsablaufs nicht zwingend relevant sind. Der Auslöser einer Kriegshandlung besteht in diesem Kontext selbst wiederum in einem kriegerischen Akt, auf den die Gegenseite dann mit der geschilderten Handlung reagiert. Ein Verzicht auf die Darstellung dieses Auslösers reduziert nicht den Informationswert, kann aber gelegentlich, wie zu zeigen sein wird, einen bestimmten Eindruck von der geschilderten Handlung evozieren. Die Darstellung der Konsequenzen einer Kriegshandlung läßt währenddessen einen gewissen Sinn für die Einordnung der Handlung in das Gesamtgeschehen erkennen.

Diese Erkenntnisse über den Handlungsablauf eines Kriegsereignisses und die Rolle seiner einzelnen Elemente bilden die Grundlage für die Untersuchung der Schilderungen unter dem Aspekt ihres Informationsgehalts.

3 DIE ANGELSÄCHSISCHE CHRONIK

3.1 Die Chronik im Rahmen der mittelalterlichen Geschichtsschreibung

Die Bezeichnung *Anglo-Saxon Chronicle* entspringt nicht etwa einer zeitgenössischen Benennung durch einen Kompilator oder Chronisten, sondern ist der von den modernen Editoren bzw. der Forschung gewählte Begriff, unter dem die sieben vorhandenen Manuskripte (plus zwei Fragmente) wie auch ihre angenommenen Vorläufer und Zwischenstufen zusammengefaßt werden. Diese Bezeichnung ist auf den ersten Blick allerdings in zweifacher Hinsicht irreführend. Zum einen täuscht der Singular über die Vielfalt der Textversionen und die Mehrsträngigkeit ihres Ursprungs hinweg. Die von Plummer[61] vertretene Ansicht, der Verschiedenheit der vorliegenden Versionen wegen sei die Pluralbezeichnung "Chronicles" vorzuziehen, ist zwar diskutiert und zum Teil übernommen worden, hat sich aber nicht endgültig durchsetzen können.[62] Der andere Aspekt der Irreführung liegt darin, daß dieser Begriff eine unzutreffende Klarheit bezüglich des historiographischen Genus 'Chronik' und seiner Anwendung auf dieses Werk erwarten läßt.

Traditionell wird von der Forschung zur mittelalterlichen Geschichtsschreibung zwischen Annalen, Chroniken und Historien unterschieden, wobei über endgültige Definitionen und Zuordnungen noch keine Einigkeit besteht. Im großen und ganzen klar ist jedoch die Trennung zwischen der narrativen, von einem einzigen Autor durchgestalteten *historia* auf der einen und der chronographischen, zumeist als nicht-narrativ klassifizierten Geschichtsschreibung auf der anderen Seite, also der "erzählenden" und der "zählenden"[63] Darstellung von Geschichte. Eine dieser Klassifizierung zugrundeliegende, eher am literarischen Stil denn am Inhalt orientierte Unterscheidung, in der sich zugleich ein Werturteil 'hohe' vs. 'niedrige' Geschichtsschreibung manifestierte, wurde schon von Historiographen der Antike

---

61 Charles Plummer, ed., *Two of the Saxon Chronicles Parallel*, vol. 2, Oxford, 1899, rev. ed. 1952, p. xxiii.

62 Seit ungefähr Mitte dieses Jahrhunderts wird einhellig die Singularbezeichnung gebraucht. Gleichfalls nicht durchzusetzen vermochte sich die alternative Benennung "Old English Chronicle(s)", die vermutlich die Illusion verhindern sollte, es handele sich um eine 'offizielle' Reichsgeschichtsschreibung der Angelsachsen (Vgl. Simon Keynes und Michael Lapidge, eds., *Alfred the Great*, Harmondsworth, 1983, p. 276).

63 Franz-Josef Schmale, *Funktion und Formen mittelalterlicher Geschichtsschreibung*, Darmstadt, 1985, p. 110.

getroffen und im Mittelalter beibehalten.[64] Als besonders wirkungsmächtig hat sich die Definition Gervasius' von Canterbury (ca. 1188) erwiesen.[65] Ihm zufolge ist es die Aufgabe des *historicus*, die Geschichte in ausführlicher und eleganter Sprache zur Erbauung und Belehrung seines Publikums darzulegen, während der *chronicus* die Jahre und Monate zu zählen und Herrschertaten, Wunder, Omina und sonstige Vorfälle in schlichter Sprache und kurzer Form festzuhalten hat.[66] In der modernen Geschichtstheorie hat sich die Ansicht festgesetzt, die *historia* präsentiere die 'echte', vollständige Form von Geschichtlichkeit, die das Geschehen "deutend, interpretierend und kausal"[67] vermittele, während Chroniken und Annalen nur eine gleichsam unterentwickelte Form darstellen, da sie die Ereignisse nur aneinanderreihen und somit wirkliche Narrativität nicht erreichen.[68]

Das historiographische Genus der Annalen, nicht aus antiker Tradition abgeleitet, sondern eine Schöpfung des Mittelalters, entspricht sicherlich am reinsten Gervasius' Charakterisierung der Chronographie. Häufig von verschiedenen Autoren verfaßt und oft wiederum von verschiedenen Kompilatoren kopiert und redigiert, konnte sich stilistische Eleganz oder gar Geschlossenheit hier nicht entfalten. Zudem liegt den Annalen eine gänzlich andere Intention zugrunde als den Historien. Hervorgegangen aus den Ostertafeln, die in tabellarischer Form die Jahre aufzählten, dazu den jeweiligen Ostertermin vermerkten, und deren begrenzter Raum in den Jahres-Zeilen für knappe Einträge genutzt (oder auch nicht genutzt) wurde, dienten die solcherart entstandenen Annalen nicht als Bericht der Vergangenheit, sondern lediglich als Identifikationsmittel[69] der jeweiligen Jahre. Erst später verlagerte sich ihre Funktion auf die Dokumentation von Ereignissen im Rahmen der

---

64 Vgl. Bernard Guenée, "Histoire et chronique. Nouvelles réflexions sur les genres historiques au Moyen-Age". *La Chronique et l'Histoire au Moyen-Age*, ed. Daniel Poirion, Paris, 1984, p. 4.

65 Vgl. Reginald L. Poole, dessen Werk *Chronicles and Annals. A Brief Outline of Their Origin and Growth*, Oxford, 1926, die Historiographieforschung nicht unwesentlich beinflußt hat; für die aktuelle Forschung vgl. Schmale, *Funktion und Formen*, pp. 99ff., 106ff.

66 *The Historical Works of Gervase of Canterbury*, vol. 1, ed. William Stubbs, London, 1879, p. 84.

67 Schmale, *Funktion und Formen*, p. 110.

68 Vgl. Hayden White, *Die Bedeutung der Form*. Erzählstrukturen in der Geschichtsschreibung, Frankfurt/M., 1990, Kap. 2: "Die Bedeutung von Narrativität in der Darstellung der Wirklichkeit"; Jörn Rüsen, *Zeit und Sinn*. Strategien historischen Denkens, Frankfurt/M., 1990, p. 178; Harry Elmer Barnes, *A History of Historical Writing*, New York, 1937, 2nd rev. ed. 1963, pp. 65ff; anders hingegen Arthur C. Danto, *Analytische Philosophie der Geschichte*, Frankfurt/M., 1974, Kap. VII: "Geschichte und Chronik".

69 Plummer, *Saxon Chronicles*, vol. 2, p. xix.

32

Chronologie und somit als Orientierungshilfe wie auch Kontrollinstanz des Gedächtnisses.[70] Auch dort, wo die Annalen sich von der Anlage der Ostertafeln zu lösen beginnen und im Zuge dessen die Einträge ausführlicher werden, bleibt zumeist diese Form der reihenden, un-verknüpfenden Aufzählung von Ereignissen bestehen, die keinem Strukturprinzip außer dem der Zeitfolge unterworfen sind.

Eine Definition des Genus 'Chronik' ist dagegen problematischer, da dieser Begriff schon im Mittelalter eher flexibel gebraucht wurde und die moderne Forschung diesbezüglich kaum weniger Flexibilität an den Tag legt.[71] Wenn nicht Chroniken von vornherein unter der Maßgabe ihrer chronologischen Strukturierung und ihres nicht-literarischen Charakters mit Annalen zusammengefaßt werden, betrachtet man sie zumeist als eine gegenüber den Annalen höher entwickelte Form der Historiographie,[72] unabhängig von diesen oder auch als ihre Erweiterung und Fortführung.[73] Bei einer Binnendifferenzierung der Gattung 'Chronik' lassen sich am ehesten solche Werke herausgrenzen, die die Arbeit eines einzigen Autors sind und oft unter bestimmten thematischen Akzentsetzungen verfaßt wurden, wie z. B. Universal-, Reichs- oder Stadtchroniken. Diese Art von Chroniken wird gelegentlich als einzige legitime Vertreterin der Gattung angesehen.[74] Eine andere Differenzierung, die die ganze Bandbreite der Erscheinungsformen in Betracht zieht, bietet Gransdens[75] Unterscheidung zwischen 'dead chronicles' und 'living chronicles', die zwar auch die Frage der Autorschaft berücksichtigt, aber dem wichtigen Aspekt des Abstands zwischen Ereignis und Aufzeichnung Priorität gibt:

> 'Dead' chronicles were compiled by one man from earlier chronicles and histories. [...] 'Living' chronicles were composed by one man until his own time and then continued, altered and interpolated by him and/or by others.[76]

---

70 *Ibid.*, p. xxi, vgl. auch Rüsen, *Zeit und Sinn*, p. 178.

71 Vgl. *Lexikon des Mittelalters*, Bd. 2, München, Zürich, 1983, Sp. 1956-57.

72 Vgl. White, *Bedeutung der Form*, p. 28.

73 Vgl. Barnes, *Historical Writing*, p. 65; Denys Hay, *Annalists and Historians. Western historiography from the eighth to the eighteenth centuries*, London, 1977, pp. 42f.

74 Vgl. Grundmanns dogmatische Aussage: "Chroniken sind Bücher eines bestimmten Verfassers, der sich meist nennt und auf Verbreitung seines Werkes bedacht ist; sie wollen belehren und bilden als geistig-literarische Gestaltung der Gesamtgeschichte." (Herbert Grundmann, *Geschichtsschreibung im Mittelalter*, Göttingen, 1965, ⁴1987, p. 24); auch Schmale, *Funktion und Formen*, Kap. IX.

75 Antonia Gransden, *Historical Writing in England c. 550-1307.* London, 1974.

76 *Ibid.*, p. 29.

Eine Abgrenzung des Genus 'Chronik' zu den Annalen auf der einen und den Historien auf der anderen Seite anhand des Kriteriums Literarizität bzw. Narrativität kann im konkreten Falle immer nur vage sein. Gerade dort, wo mehrere Verfasser zu Werke gegangen sind, können einzelne Einträge oder eine Folge von Einträgen durchaus in sich geschlossen und literarisch durchgeformt sein, allerdings wird dies im Unterschied zur Historie nicht auf das Werk als Ganzes zutreffen. Schwieriger noch ist die Frage des Übergangs zwischen Annalen und Chronik, denn es ist kaum zu entscheiden, was einen ausreichend informativen Annaleneintrag von einem kargen Chronikeintrag trennt.[77] Hayden White, der in der Chronik zumindest ein Streben nach Narrativität sieht, das den Annalen abgeht, macht den Unterschied zwischen diesen beiden Formen an dem Vorhandensein bzw. Fehlen eines Prinzips fest, das historischen Ereignissen Signifikanz verleihe und somit eine narrative Darstellung erst möglich mache. Dies Prinzip sei das "Bewußtsein eines sozialen Zentrums", das den Chronisten - im Gegensatz zum Annalenschreiber - in die Lage versetze, "die Ereignisse, mit denen er sich auseinandersetzt, als Elemente eines historischen Ereignisfeldes zu klassifizieren".[78] Dieses soziale Zentrum ist für White verknüpft mit der "Aufmerksamkeit für das soziale System und das es tragende Gesetz", die vom Geschichtsbewußtsein des Historiographen abhänge und mit diesem wachse.[79] Allerdings geht White hier bei seiner Ausgrenzung der Annalen von dem Beispiel der extrem mageren Annalen von St. Gallen für das frühe achte Jahrhundert aus, während er als Chronik-Beispiel die von einem einzigen Autor geschriebene *Histoire de France* (Richerius von Reims, ca. 998) wählt, also Beispiele, mit denen sich Probleme der genaueren Differenzierung nicht unbedingt stellen.

Die angelsächsische Chronik nun stellt innerhalb der mittelalterlichen Historiographie eine Besonderheit dar, insofern als sie nicht auf lateinisch, sondern in der Landessprache verfaßt worden ist. Sie ist in ihrer Anlage durchweg chronographisch orientiert, d.h. ihr ordnendes Strukturprinzip ist die jeweilige Jahreszahl, auf die zu Beginn des Eintrags fast immer zunächst mit *her,* ab dem Ende des 11. Jahrhunderts zunehmend mit *on þisum geare* oder *þises geares* Bezug genommen wird. Sie entspricht Gransdens Typ des 'living chronicle', wenn auch nicht ein einzelner Verfasser, sondern höchstwahrscheinlich ein Team für die Kompilation des Berichts bis Erreichen der Aufzeichnungszeit verantwortlich war.[80]

---

77 Vgl. Hay, *Annalists and Historians*, p. 58.

78 White, *Bedeutung der Form*, pp. 21ff.

79 *Ibid.*, p. 25.

80 Bately, "Compilation"; Keynes/Lapidge, *Alfred the Great*, pp. 277f.

Diverse Gruppen von Annalen wie auch anderes historiographisches Material, wie z. B. Be-das *Historia Ecclesiastica*, sind hier verarbeitet worden. Ihre auf die fernere Vergangenheit bezogenen Einträge sind eindeutig annalistisch, später treten vereinzelt sehr ausführliche Einschübe, die vermutlich auf mündliche Überlieferungen zurückgehen, auf, und mit der Annäherung an die Aufzeichnungszeit Ende des 9. Jahrhunderts nehmen die Einträge an Detailliertheit der Darstellung wie auch an thematischer Breite zu. Insofern dokumentiert die Angelsachsenchronik auf beispielhafte Weise die Entwicklung von den frühen Oster-tafel-Annalen hin zur frühmittelalterlichen Chronik.[81] Allerdings fallen die Einträge um die Mitte des 10. Jahrhunderts zunächst auf ein sehr wenig informatives und wortkarges Niveau zurück, bevor Ende des Jahrhunderts dann eine Berichterstattung in wahrhaft narrativer Fül-le einsetzt, die auch an Bewertungen und der Herstellung von Kausalzusammenhängen nicht spart und die sich im wesentlichen bis zum Ausklang der jüngsten Chronikversion Mitte des 12. Jahrhunderts noch steigert. Gleichwohl finden sich in der gesamten Chronik immer wie-der ausgesprochen annalistische Einträge, die kurz und knapp einen Herrscherwechsel, ein Naturereignis oder ein Omen notieren.

Mit dem 'Gesamtwerk' der angelsächsischen Chronik liegt also eine Form von Ge-schichtsschreibung vor, die Elemente <u>aller</u> historiographischen Genera in sich vereinigt. Sie beruht auf den Berichten verschiedener Verfasser, die von verschiedenen Kompilatoren be-nutzt und redigiert wurden, und die vorliegenden Manuskripte wurden wiederum von ver-schieden Schreibern zu verschiedenen Zeiten aufgezeichnet.

Die Text- und Entstehungsgeschichte der Angelsachsenchronik wird im folgenden Ka-pitel diskutiert werden.

---

81 Hay, *Annalists and Historians*, p. 43.

3.2 Text- und Entstehungsgeschichte der Angelsachsenchronik

Die unter dem Begriff *Anglo-Saxon Chronicle* zusammengefaßten Kompilationen liegen in sieben Manuskripten und zwei Fragmenten vor, die zumeist aus praktischen Gründen mit fortlaufenden Buchstaben des Alphabets bezeichnet werden.[82]

MS A (Corpus Christi College, Cambridge MS. 173; auch "Parker"-Chronik genannt) ist die älteste der erhaltenen Handschriften. Sie entstand vermutlich in Winchester in einem Zeitraum vom Ende des neunten bis Anfang des elften Jahrhunderts und wurde dann nach Canterbury, Christchurch, überführt. Die Winchestereinträge wurden nicht Jahr für Jahr, sondern blockweise - jedoch vermutlich nicht sehr lange nach dem zuletzt geschilderten Ereignis - notiert. Insgesamt fünf Schreiber sind erkennbar in den Einträgen 0-891, 892-914/924, 925-955, 958-967, 973-1001.[83] In Canterbury folgten einige wenige kurze Einträge bis 1077 durch verschiedene Schreiber des späten elften Jahrhunderts.

MS B (Brit. Mus. Cotton Tiberius A. vi; "Abingdon") deckt nur den Zeitraum bis 977 ab und wurde von einem einzigen Schreiber in einem Stück notiert. Als Entstehungsort wird überwiegend Abingdon angenommen,[84] als sicher gilt, daß sich die Handschrift irgendwann in der zweiten Hälfte des elften Jahrhunderts in Canterbury, St. Augustine's, befand.

MS C (Brit. Mus. Cotton Tiberius B.i; "Abingdon") wurde ungefähr in der Mitte des elften Jahrhunderts in Abingdon niedergeschrieben. Der erste Schreiber war für die Einträge

---

82 Benutzte Ausgaben: Plummer, ed., *Saxon Chronicles*, vol. 1 [MSS A und E]; Janet Bately, ed., *The Anglo-Saxon Chronicle*, Vol. 3: MS A, Cambridge, 1986; Simon Taylor, ed., *The Anglo-Saxon Chronicle*, Vol 4: MS B, Cambridge, 1983; Harry August Rositzke, ed., *The C-Text of the Anglo-Saxon Chronicles*, Bochum-Langendreer, 1940, repr. 1967; E. Classen and F. E. Harmer, eds., *An Anglo-Saxon Chronicle*, Manchester, 1926 [MS D]; Dorothy Whitelock, ed., *The Anglo-Saxon Chronicle*, London, 1961 [parallele Übersetzung aller Versionen]. Vgl. die Einleitungen und Kommentare der Herausgeber bezüglich der Entstehungsorte und -zeiten sowie die Anzahl der Schreiber, außerdem Audrey L. Meaney, "D: An Undervalued Manuscript of the Anglo-Saxon Chronicle", *Parergon* N.S. 1 (1983), pp. 13-38, und Keynes/Lapidge, *Alfred the Great*, pp. 274ff.

83 Die Paläographie ist sich der Zahl der Schreiber nicht sicher; vieler schwer identifizierbarer Interpolationen und Nachträge wegen variieren die Zahlen für die Winchestereinträge von fünf bis elf. Ich folge hier dem eher groben Raster von Meaney, "Undervalued Manuscript", p.13. Vgl. dagegen Bately, *MS A*, pp. xxiff.

84 Diese Annahme wird sowohl von Whitelock, ed., *Chronicle*, pp. xiif., als auch von Cyril Hart, "The B-Text of the Anglo-Saxon Chronicle", *Journal of Medieval History* 8 (1982), pp. 274ff., der stattdessen für Ramsey plädiert, zurückgewiesen.

bis 488 verantwortlich, ein zweiter fügte eine Fortsetzung bis 1044 in einem Stück hinzu und machte danach bis 1048 mehr oder weniger jährliche Einträge. Insgesamt fünf weitere Schreiber notierten Ereignisse bis zum Jahr 1066.

MS D (Brit. Mus. Cotton Tiberius B iv; "Worcester") entstand in der zweiten Hälfte des elften Jahrhunderts und ist das Werk von mindestens fünf Schreibern in den folgenden Blöcken: 0-189 (für die Zeit von 261-693 fehlen die Seiten im Manuskript), 694-1016, 1018-1051, ein weiterer Teil des Eintrags für 1051, 1051-1054. Von da an werden die Einträge mehr oder weniger unidentifizierbar bis zum Ende dieser Chronikversion 1079. Als Entstehungsort werden neben dem lange akzeptierten Worcester auch York oder Evesham angenommen.

MS E (Bodleian, Laud 636; "Peterborough") ist die jüngste Version der Chronik, eine im zwölften Jahrhundert in Peterborough entstandene Abschrift und das Werk von zwei Schreibern. Der erste schrieb die Einträge bis 1131, und zwar in einem Stück bis 1121 und dann periodisch, der zweite fügte die Einträge 1132-1155 hinzu.

MS F (Brit. Mus. Cotton Domitian A. viii) ist eine bilinguale Chronikversion in La-tein/Altenglisch, kompiliert um 1100 von einem Schreiber in Canterbury, Christchurch, der sowohl das inzwischen dort angekommene MS A (das er mit weiteren Anmerkungen ver-sah) als auch den Vorläufer von E dazu benutzte. MS F gehört wie auch MS G (Brit. Mus. Cotton Otho B. xi.2), eine im frühen elften Jahrhundert im Winchester erstellte Kopie von MS A, die durch einen Brand arg beschädigt wurde, zu den weniger relevanten Chronikver-sionen. Schließlich gibt es noch die beiden Fragmente MS H (Brit. Mus. Cotton Domitian A. ix; "Cottonian Fragment"), eine vermutlich aus Winchester stammende Abschrift von Annalen der Jahre 1113-1114, und MS I (Brit. Mus. Cotton Caligula A. xv), bestehend aus nur mit kirchlichen Angelegenheiten befaßten Annalen in Ostertafelform für die Jahre 988-1268, geschrieben in Canterbury, Christchurch.

Festzuhalten bleibt unbedingt, daß keine der vorliegenden Chronikversionen eine ur-sprüngliche, zeitgenössische Niederschrift der Ereignisse darstellt, sondern immer nur eine Abschrift, die von der ihr zugrundeliegenden Erstaufzeichnung nicht nur durch mehr oder weniger großen zeitlichen Abstand, sondern auch eventuell durch weitere Kopiervorgänge entfernt ist. Einzige Ausnahme hierzu mögen die Einträge 918-923 (*recte* 915-20) in MS A sein, bei denen es sich möglicherweise um das Autograph des Annalisten handelt.[85]

Über weite Strecken ihrer Darstellungen stimmen zwei oder mehr Chronikversionen oft bis in den genauen Wortlaut überein, wobei die jeweiligen Affinitäten variieren. Bis ungefähr 900 laufen ABC parallel, während DE häufiger, nach 806 nur noch zweimal, von dieser Hauptströmung abweichen, allerdings verstummt E zwischen 981 und 902 (mit Ausnahme des Eintrags für 892) gänzlich. Zwischen 902 und 924 führen BC zusätzlich die Annalen des sogenannten *Mercian Register* heran, einer unabhängigen Aufzeichnung von Ereignissen aus mercischer Sicht. Sie sind jeweils nach dem Eintrag für 915 *en bloc* eingefügt und beschreiben die Verteidigungs- und Eroberungsaktivitäten Æthelflæds von Mercia. Gleichzeitig läuft der *mainstream* ABCD weiter, wobei D Informationen des *Mercian Register* hier einarbeitet; E wartet währenddessen sporadisch mit eigenen Einträgen auf. Die Annalen 915-20 - die Schilderung der Kriegszüge König Edwards - sind einzig in MS A zu finden.

In den folgenden sechs Dekaden gibt es in allen Versionen nur sehr wenige und zumeist kurze Einträge, die zunächst gar keinen Zusammenhang erkennen lassen, bis zwischen 934 und 946 ein ungefährer *mainstream* ABCD sichtbar wird, wobei D zusätzliches Material verarbeitet, während E gänzlich abweicht. Zwischen 946 und 983 laufen die Versionen wieder recht unzusammenhängend und immer noch karg nebeneinander her, ausgenommen BC, die bis zu B's Ausscheiden 977 konform gehen.

Von 983 bis 1022 herrscht dann eine fast vollständige Übereinstimmung zwischen CDE, die damit die sogenannte *"Æthelredian Chronicle"* bilden. A weist in dieser Zeit - und weiter bis zum Ende dieser Chronik 1070 - nur noch vereinzelte Einträge auf. Nach 1022 variieren C, D und E zunehmend, und nach 1031 driften die Versionen gänzlich auseinander, wobei allerdings D gelegentlich eine Kombination der in C und E vorliegenden Informationen aufweist.

Es besteht kein Zweifel darüber, daß alle diese Versionen der Angelsachsenchronik in ihrem Ursprung auf einen gemeinsamen - verlorengegangenen - Vorläufer, eine 'Urchronik', zurückgehen. Die einzelnen Stufen dieser Entwicklung zu rekonstruieren und die Verzweigungen und Interrelationen der Chronikversionen zu erschließen, hat für so geneigte

---

85 Meaney, "Undervalued Chronicle", p. 14.

Anglo-Saxonists bis heute nichts von seinem Reiz verloren, wie der stete Fluß an Publikationen zu diesem Thema seit Plummers bahnbrechendem Beitrag 1899[86] beweist.[87] Die Tendenz der älteren Forschung, möglichst lückenlose Stammbäume aufzeichnen zu wollen, ist freilich abgelöst worden von einer eher zurückhaltenden Herangehensweise, die nur mehr *'ancestors'* und *'archetypes'* zu erschließen sucht und sich der Grenzen solcher Rekonstruktionen sehr viel bewußter ist. Auch der penibelste und scharfsinnigste Textvergleich zwischen den einzelnen Chronikversionen und den anderen mit ihnen verwandten historiographischen Werken[88] kann die Lücken in der Überlieferungsgeschichte nicht schließen, sondern oft lediglich ihr Vorhandensein aufdecken. Man kann als sicher annehmen, daß diverse Chronikversionen in den verschiedenen Stadien der Entstehung bzw. der Revision in Umlauf waren, die verlorengegangen sind.

Vor einer Erörterung der Textgeschichte sei noch die Frage berücksichtigt, von wem und mit welchen Intentionen die ursprüngliche Angelsachsenchronik ins Leben gerufen wurde. Die frühere Forschung hegte keinen Zweifel daran, daß König Alfred selbst der Initiator der Erstellung und Verbreitung der Urversion war, der sie zwar nicht eigenhändig verfaßte, aber vielleicht doch gelegentlich einige Passagen beisteuerte.[89] Linguistische Vergleiche mit anderen, anerkanntermaßen von Alfred verfaßten Texten sind jedoch bislang einen überzeugenden Beweis schuldig geblieben oder sind gar zu einem gegenteiligen Befund gekommen.[90] Mit der These von Alfreds Involvierung einher ging - und geht noch bis in jüngste Zeit - die Auffassung, es handele sich um ein als westsächsische Propaganda kon-

---

86 Plummer, *Saxon Chronicles,* vol. 2, Introduction.

87 Dieser Fluß erfährt ungefähr seit Ende der siebziger Jahre Verstärkung und neue Impulse: Hier sind vor allem die Arbeiten von Bately, Hart, Meaney, Keynes und Dumville zu nennen, besonders das im Entstehen begriffene Projekt einer neuen *collaborative edition* aller Texte unter der Herausgeberschaft der beiden Letztgenannten.

88 Lateinische Werke, die Material der Angelsachsenchronik nutzen: Asser, *Life of King Alfred;* The *Annals of St Neot;* Æthelweard, *Chronicon;* Florence of Worcester, *Chronicon ex Chronici;* Simeon of Durham, *Historia Regum;* Henry of Huntingdon, *Historia Anglorum;* William of Malmesbury, *Gesta Regum.*

89 Vgl. z.B. Plummers wirkungsmächtiges Diktum:
"I have no hesitation in declaring that in my opinion the popular answer is in this case the right one: it is the work of Alfred the Great. I do not mean that the actual task of compiling the chronicle from the earlier materials was necessarily performed by Alfred, though I can well fancy that he may have dictated some of the later annals which describe his own wars. But that the idea of a national Chronicle as opposed to merely local annals was his, that the idea was carried out under his direction and supervision, this I do most firmly believe." (Plummer, *Saxon Chronicles,* vol. 2, p. civ).

90 Vgl. Bately, "Compilation", pp. 117ff.

zipiertes Werk, entstanden am königlichen Hof, das die Leistungen der westsächsischen Dynastie und besonders Alfreds im Kampf gegen die Wikinger hervorheben sollte, um somit dessen Untertanen zum tapferen Durchhalten der schweren Zeiten zu ermutigen.[91] Eine Entstehung der Chronik im Kontext des alfredischen Hofes wird vielfach für plausibel erachtet, ist allerdings keineswegs unbestritten.[92] Doch die sehr enge Betrachtung der Chronik als reine Propaganda-Postille ist immer wieder zurückgewiesen worden zugunsten eines weitergefaßten, historiographisch motivierten Konzeptes.[93] Sicherlich huldigen die alfredischen Annalen einem gewissen Lokalpatriotismus, zeigen die westsächsische Sichtweise der Geschehnisse und betonen oder beschönigen gar etwas die Leistungen Alfreds. Aber dies alles muß nicht unbedingt Ausdruck eines generellen Konzepts, das hinter diesem Werk steht, sein, sondern mag einfach auf den natürlichen Loyalitäten der Kompilatoren wie auch auf der Begrenztheit des ihnen zugänglichen Materials beruhen. Zieht man in Betracht, was uns über Alfreds geistigen und politischen Horizont, sein Interesse an der Geschichte und seine bildungspolitischen Bestrebungen bekannt ist, und daß dies alles sicherlich auch seine Umgebung geprägt hat, so kann man das Haus Wessex als Whites "soziales Zentrum" auffassen, das sich als Kollektiv begreift und sich als solches im Bezugsfeld seiner erfahrenen Geschichte darzustellen und zu interpretieren wünscht. Insofern läge der Chronik eine durchaus historiographische Intention zugrunde. Wenn diese Intention einschließt, Alfred den hervorragenden Platz in der Geschichte zuzuweisen, der ihm aus westsächsischer Perspektive gebührt, so tut das ihrem historiographischen Charakter keinen Abbruch.[94]

Eine andere strittige Frage ist die nach der Art und dem Ausmaß, wie die Urchronik vervielfältigt und verbreitet wurde. Man nimmt an, es sei ein bereits bestehendes Verteilersystem genutzt worden, das auch für die 'Publizierung' von Alfreds *Cura Pastoralis* angewandt wurde, eine Art Netzwerk von Skriptorien mit Winchester als Zentrale.[95] Diese

---

91 So zuerst J. M. Wallace-Hadrill, "The Franks and the English in the Ninth Century: Some Common Historical Interests", *History* 35 (1950), p. 213; gleichfalls Davis, "Propaganda and Truth", pp. 169-182; Peter Hunter Sawyer, *The Age of the Vikings*, London, 1962, p. 20.

92 Vgl. Frank Merry Stenton, "The South-Western Element in the Old English Chronicle", *Preparatory to Anglo-Saxon England*, ed. Doris May Stenton, Oxford, 1970, p.106; Bately, "Compilation", p. 127.

93 Vgl. Stenton, *Anglo-Saxon England*, p. 15: "[...] a series of annals [...], intended to give a West-Saxon reader of King Alfred's time an outline of history". Diese Ansicht ist unter Ablehnung der Propagandatheorie immer wieder unterstützt worden, vgl. z.B. Whitelock, "Battle of Edington", pp. 6-9; Gransden, *Historical Writing*, p. 35; Keynes, "Tale of Two Kings", p. 198.

94 Vgl. Keynes/Lapidge, *Alfred the Great*, p. 40f.

95 Vgl. Audrey Meaney, "King Alfred and his Secretariat", *Parergon* 11 (1975), bes. p. 19.

These setzt freilich voraus, daß die Chronik, wenn sie auch nicht zwingend als 'offizielle' Geschichtsschreibung konzipiert gewesen sein muß, so doch zumindest die Aufmerksamkeit und die Zustimmung offizieller Stellen hatte. Jedoch haben sich bislang keine unwiderlegbaren Beweise, weder für eine gezielte Verteilung noch für die Methode einer solchen, finden lassen, und die Möglichkeit eines eher zufälligen Austauschs von Manuskripten zwischen den einzelnen Skriptorien kann nicht gänzlich ausgeschlossen werden.[96]

Die Urfassung der Chronik, die mit kleineren Variationen in allen vorhandenen Manuskripten als deren Grundstock überliefert ist und die ihrerseits wiederum Material aus verschiedenen älteren Annalen und Historien benutzte - und noch laufend verändert wurde -, erstreckte sich bis etwa 892. Es ist auch die Theorie einer zweiphasigen Entstehung diskutiert worden, die besagt, daß die Urfassung nur eine Erweiterung einer bereits bestehenden, Mitte des neunten Jahrhunderts entstandenen Kompilation sei, einer sogenannten 'Æthelwulfian Chronicle', die bis 855 reichte.[97] Ein Ableger dieser Urfassung (gemeinhin als Plummers æ bezeichnet) diente ungefähr zu diesem Zeitpunkt oder bald darauf als Grundlage für A und die Archetypen der anderen Chronikversionen. Einer dieser Archetypen (Plummers δ) wurde in den Norden, wahrscheinlich nach York, geschickt, wo er ergänzt und revidiert wurde und als sogenannte 'Northern Recension' die gemeinsame Basis für D und E bildete. Ein anderer dieser Archetypen blieb im Süden, wurde weiter bearbeitet und stellte den gemeinsamen Vorläufer für B und C (Plummers γ). Anders als Plummer glaubt man jedoch heute, daß diese Archetypen aufgrund der Ähnlichkeiten zwischen B, C und D - nicht E - noch einen gemeinsamen, nicht von A geteilten Vorfahren gehabt haben müssen.[98] Eine andere Erklärung könnte sein, daß dem Kompilator von D ein Exemplar des BC-Vorläufers zur Verfügung gestanden habe, so daß man zusammenfassend von einem BCD-Vorläufer sprechen könnte.[99] Ähnlich hatte auch schon Whitelock argumentiert, die in D eine Verquickung der Northern Recension mit einem Typ der 'southern chronicle' sah.[100]

---

96 Vgl. Bately, "Compilation", p. 129.

97 Vgl. E. E. Barker, "The Anglo-Saxon Chronicle Used by Aethelweard", *Bulletin of the Institute of Historical Research* 40 (1967), pp. 77ff. Dagegen glaubt Bately, "Compilation", pp. 109ff., die Urfassung sei in Teamarbeit mehrerer Annalisten geschaffen worden und ein Wechsel des Kompilators ließe sich aus stilistischen Gründen um 880 ausmachen.

98 Bately, *MS A*, p. lxxv.

99 Meaney, "Undervalued Chronicle", pp. 25ff.

100 Whitelock, *Chronicle*, p. xv.

Wiederum ein anderer Rekonstruktionsversuch postuliert noch weitergehend, der D-Kompilator habe die Abingdonchronik MS C (und einen direkten Vorfahren von MS E) zur Vorlage gehabt.[101]

Zwei weitere Fortführungen dieser 892-Chronik, auch alfredische Chronik genannt, erreichten MS A und den BC/D-Vorläufer, nämlich die Schilderung von Alfreds späteren Kriegszügen 893-896, die eine eigenständige Einheit bildet, und die Annalen 897-914; diese Berichte liegen in A, B, C und auch D vor, wogegen MS E von ersterem nichts und zu letzterem von den anderen Chroniken unabhängige Annalen aufweist.[102] Da alle Chronikversionen im weiteren Verlauf bis 983 nur sehr mageres Material zu bieten haben, ist eine Rekonstruktion der Textgeschichte für diesen Zeitraum nur schwer möglich. Die vorhandenen Übereinstimmungen legen jedoch die Vermutung nahe, daß es eine weitere Fortsetzung von Plummers æ in irgendeiner Form gegeben haben muß, die Eingang fand sowohl in A als auch in BC(D), während der DE-Vorläufer in dieser Zeit offenbar von der Annalenschreibung vernachlässigt wurde. In den siebziger Jahren des zehnten Jahrhunderts kann man dann wieder verstärkt eine Übereinstimmung in ABC gegenüber DE beobachten. Das in BC vorhandene Material wird ab 946 von D nicht mehr berücksichtigt, doch reicht BC's Übereinstimmung bis 977, dem Jahr, mit dem MS B endet. Schon immer ist die Möglichkeit, daß C eine Abschrift von B sei, ins Auge gefaßt worden; inzwischen wird die These akzeptiert, a) MS C sei bis 652 und wahrscheinlich auch von 956-977 eine direkte Kopie von MS B, und b) von 653 bis 946 haben B und C entweder dieselbe Vorlage benutzt, oder C's Vorlage sei ein unmittelbarer Abkömmling von B's Vorlage.[103]

Mit dem Jahr 983 ändert sich das Erscheinungsbild der Chronik drastisch. Ausgenommen MS A haben alle noch fortgesetzten Versionen die sogenannte Æthelred-Chronik

---

101 David Dumville, "Some Aspects of Annalistic Writing at Canterbury in the Eleventh and Twelfth Centuries", *Peritia* 2 (1983), pp. 33ff.

102 Aus diesem Grund nimmt man an, die Urfassung habe den Zeitraum bis etwa 892 umfaßt (890 und 891 werden auch als Eckdatum diskutiert). Plummers Lösung für dieses Problem der fehlenden Annalen in E *(Saxon Chronicles*, vol. 2, p. cxix) war die Annahme, daß sich die *Northern Recension* noch in Alfreds Regierungszeit teilte und die Berichte nur noch D's, nicht E's Vorläufer erreichten. Inzwischen hat sich jedoch Whitelocks These *(Chronicle*, pp. xiv-xv) durchgesetzt, die Trennung habe später (Ende des elften Jahrhunderts) stattgefunden und das Material, das gar nicht urspünglich zur *Northern Recension* gehörte, sei erst danach D hinzugefügt worden.

103 Taylor, *MS B*, p. li.

aufgenommen, eine zusammenhängende Serie von Annalen 983-1016 (-1022),[104] die die Regierungszeit König Æthelreds unter dem Ansturm der dänischen Eroberer schildert. Es besteht Einigkeit darüber, daß diese Annalen das Werk eines einzelnen Autors sind, von denen verschiedene Versionen existiert haben müssen, aber die Vermutungen über den Entstehungsort gehen weit auseinander: Ramsey, Abingdon und London sind in Betracht gezogen worden.[105] Inhalt und Stil dieser Annalen legen den Schluß nahe, sie seien nicht ursprünglich Teil der Fortführung der Angelsachsenchronik gewesen und in einem gänzlich anderen Umfeld entstanden als die bisherigen, nämlich aus der Feder eines Klerikers ohne Verbindung zum Hof.

Nach 1022 wird die Bezugnahme zwischen den Versionen sporadischer. Nach 1031 trennen sich auch D und E, woraus sich folgern läßt, daß der am längsten fortgeführte Archetyp DE nach diesem Eintrag endete.

3.3 Einteilung der zu untersuchenden Schichten der Chronik

Ausgehend von der Entwicklungsgeschichte der Chronik lassen sich nun einzelne Annalensequenzen herausfiltern, die sich insgesamt zu vier verschiedenen großen Schichten fügen:

1. 793-892: Die alfredische Chronik, der von der Urfassung abgeleitete 'common stock' aller Versionen, der vom Beginn der Wikingereinfälle 793 an untersucht wird. Hier wird dann eine weitere Differenzierung vorgenommen, nämlich zwischen den Annalen bis 855, dem Teil, der als möglicherweise einer älteren 'Æthelwulfchronik' zugehörig betrachtet werden kann, und den Annalen ab 860, der späteren alfredischen Chronik, die in jedem Falle einem oder mehreren alfredischen Chronisten zuzuorden ist.

---

104 Für eine Ausdehnung der Æthelredchronik bis 1022 vgl. Dumville, "Annalistic Writing", pp. 27ff., Meaney, "Undervalued Manuscript", pp. 23f.; dagegen Keynes, "Declining Reputation", p. 231.

105 Vgl. Fn. 104: Dumville für Ramsey oder Abingdon, für Ramsey auch Hart, "B-Text", p. 293; Meaney für Abingdon, ebenso Stenton, *Anglo-Saxon England*, p. 394; Keynes für London. Keynes Argumentation scheint mir durch seine Textbelege überzeugend. Plummers Auffassung von Canterbury als Entstehungsort (*Saxon Chronicles*, vol. 2, p. cxvi) wird dagegen nicht mehr diskutiert.

2. 892-946: Die Fortsetzungen der alfredischen Chronik, deren Verwendung in den einzelnen Versionen stark variiert und die mit zusätzlichem Material kombiniert werden.[106] Diese Schicht teilt sich weiterhin in fünf verschiedene Sequenzen von Annalen: a) die erste Fortsetzung 893-896, in ABCD vorliegend, die die späteren Feldzüge Alfreds schildert; b) die zweite Fortsetzung 900-917, die Feldzüge Edwards, gleichfalls in ABCD; c) Die Parkerchronik 918-923: die späteren Siege Edwards (*recte* 915-920); d) 902-924, die eigenständigen Annalen des *Mercian Register* von BC, in adaptierter Form auch in D; e) die letzte Fortsetzung der alfredischen Chronik 934-946, deren sporadische Kriegsberichterstattung hauptsächlich in D vorliegt.

3. 983-1016: Die Æthelredchronik in CDE.[107]

4. 1048-1066: Die Chronik bis zur normannischen Eroberung in den nunmehr eigenständigen Versionen C, D und E.

Wie man sieht, decken sich diese vier großen textgeschichtlichen Schichten der Angelsachsenchronik im wesentlichen mit den verschiedenen Perioden des militärisch-politischen Geschehens. Lediglich der Umschwung von Alfreds westsächsischer Defensive zu der zunehmend offensiveren Politik Edwards um 900 findet keine direkte Entsprechung in der Chronik. Jedoch gestattet die Binnendifferenzierung der zweiten Schicht eine Einzelbetrachtung der letzten alfredischen Feldzüge und damit auch eine Trennung der unterschiedlichen militärischen Kontexte.

---

106 Die Zeit 950-980 wird hier vernachlässigt, da aus diesen friedlichen Zeiten keine Kriegsberichterstattung vorliegt.

107 Die möglicherweise noch zu dieser Schicht zu rechnenden Annalen 1017-1022 werden wiederum aufgrund fehlender Kriegshandlungen nicht mit einbezogen. Das gleiche gilt auch für die Einträge 1022-1047 der folgenden Schicht.

4 DIE ALFREDISCHE CHRONIK 793-892

4.1 Die Æthelwulfchronik 793-855

Die Kriegsberichterstattung in diesem Teil der Angelsachsenchronik, der nur für den Zeitraum vom Beginn der Wikingereinfälle bis zum Tod des westsächsischen Königs Æthelwulf 855 betrachtet wird, ist, von wenigen Ausnahmen abgesehen, wortkarg und formelhaft. Die schlichte und kommentarlose Reihung von Fakten demonstriert die stilistischen Gepflogenheiten annalistischer Geschichtsschreibung, und eine Anzahl von auf einen knappen Satz beschränkten Einträgen läßt auch noch das Erbe der Ostertafeln erkennen.

4.1.1 Informationsgehalt

Die Informationen, die die Darstellungen von Kriegshandlungen in der Æthelwulfchronik liefern, beschränken sich zumeist auf die minimalen Fakten. Es wird die Tatsache konstatiert, daß ein Gefecht stattgefunden hat, und die kämpfenden Parteien, der Ort des Geschehens und der Sieger werden benannt, z.B. 833:[108]

"Her gefeaht Ecgbryht cyning wiþ xxxv sciphlæsta æt Carrum. 7 þær wearþ micel wæl geslægen, 7 þa Deniscan ahton wælstowe gewald."

Gelegentlich werden noch bestimmte Gefallene mit Namen oder Rang erwähnt (A 800, 837). Weniger als diese Minimalinformationen liefern die Einträge 798 und 823; ersterer versäumt die kämpfenden Parteien zu benennen, gibt jedoch das genaue Datum der Schlacht an, und letzterer verschweigt den Ausgang eines Gefechts zwischen Wales und Devon. Darüber hinaus liegen einige Einträge vor, die anhand von Passivkonstruktionen entweder den Tod einzelner oder auch einer Gruppe von Personen durch die Hand der Wikinger anführen (A 838) oder ganz unspezifisch das Stattfinden eines Gemetzels ("wælsliht") festhalten (A 839), aber nicht explizit ein Gefecht vermerken, so daß offenbleibt, ob die Opfer zu den Streitkräften gehörten und somit Bestandteil einer organisierten Gegenwehr waren oder ob einfach Zivilpersonen einem Raubzug der Wikinger in die Quere gekommen waren.

---

108 Meine Zitate sind, wenn nicht anders vermerkt, aus der Parkerchronik und folgen der Ausgabe von Plummer, *Saxon Chronicles*, vol. 2., und zwar unter Angabe der ursprünglichen Manuskriptdatierung, nicht der von Plummer übernommenen Datierung des zeitgenössischen Korrektors, die von 892 bis 918 um ein Jahr vordatiert.

Neben solchen auf das Wesentlichste konzentrierten Einträgen gibt es freilich auch Berichte, die etwas mehr über die Umstände eines Kampfes oder seine Folgen preisgeben. So schildert der Eintrag DE 794 ausführlich das Schicksal der Wikinger nach ihrem Angriff auf das Kloster Jarrow (Schiffbruch, Ertrinken, an Land schwimmen, erschlagen werden), erwähnt jedoch weder die Präsenz angelsächsischer Verteidigungskräfte noch das Ereignis eines Gefechts, auf die nur anhand der Hinweise auf die dänischen Gefallenen geschlossen werden kann. König Egberts Unterwerfung von Kent und den süd- und ostsächsischen Kleinkönigtümern sowie kurz darauf East Anglia 823 nach seinem Sieg über den mercischen König bei *Ellendun* findet gleichfalls eine ausführliche Darstellung, sogar - für die Chronik ungewöhnlich - mit einer allerdings eher vagen Begründung. Ebenfalls untypisch für den chronikalischen Stil wird Æthelwulfs Sieg über die Wikinger 851 bei *Acleah* mit einem euphemistischen Kommentar gefeiert.

Handlungseinheiten eines Kriegsereignisses, die dem eigentlichen Gefecht vorausgehen, finden in den Darstellungen der Æthelwulfchronik nur sehr wenig Erwähnung. Die Bewegung der Streitkräfte zum Ort des Gefechts wird nur dreimal sprachlich realisiert (A 800, 835 ABC und DE), die Einberufung der Streitkräfte nur einmal (823) und hier auch nur ganz implizit. Auffallend ist in diesem Zusammenhang vor allem A 835, wo erstmalig in der Angelsachsenchronik das - auch im weiteren Verlauf nur sehr spärlich auftretende - Handlungselement der Kenntnisnahme in die Schilderung mit einbezogen wird:

> Her cuom micel sciphere on WestWalas, 7 hie to anum gecierdon, 7 wiþ Ecgbryht WestSeaxna cyning winnende wæron; þa he þæt hierde, 7 mid fierde ferde, 7 him wiþfeaht æt Hengestdune, 7 þær gefliemde ge þa Walas ge þa Deniscan.

Auch sprachlich hebt sich dieser Eintrag von den üblichen Berichten ab. Die Form "winnende wæron"[109] statt des üblichen *gefeohton* und das darauf folgende "þa he þæt hierde, 7 mid fierde ferde" haben in ihrer auffallenden Alliteration und dem noch auffallenderen Reim bzw. Beinahe-Reim starke Anklänge an Versdichtung, die in der DE-Version durch das Fehlen des Kenntnisnahme-Elements und die Änderung zu "fyrdode" verlorengegangen sind. Ferner liegt in 835 einer der wenigen Fälle (außerdem DE 794, 851) vor, daß das die Kriegshandlung auslösende Ereignis Erwähnung findet, nämlich die Ankunft der Wikinger,

---

[109] Einzig im Bericht von 867, der northumbrischen Niederlage in York, und 878 taucht diese Form in der Chronik noch auf, und zwar dort im Zusammenhang mit Alfreds Unternehmungen von seiner Basis Athelney aus vor seinem großen Triumph bei Edington; in diesem Fall ist das Part. Präs. dem zeitlichen Gefüge der Schilderung noch offensichtlicher angemessen.

gefolgt von ihrer Verbündung mit den Walisern, und ihr vereinter Angriff westsächsischen Gebiets.

Des weiteren entbehren die Schilderungen der Æthelwulfchronik völlig einer Darstellung des Handlungselements 'Planung', was angesichts der Anlage der Chronik in diesem frühen Stadium allerdings nicht überraschen kann. Auch fehlt, mit Ausnahme des Eintrags 823 (der bezeichnenderweise eine innerangelsächsische Angelegenheit behandelt), eine Erwähnung der Konsequenzen eines Kampfes, also seiner längerfristigen Folgen, wie beispielsweise Friedensschlüssen oder Unterwerfungen, im Gegensatz zu solchen, die mit dem Gefecht unmittelbar in Zusammenhang stehen, wie die Zahl der Toten oder die Flucht der unterlegenen Streitmacht. Dies liegt weniger im Stil der Chronik begründet als vielmehr in der Hit-and-run-Taktik der Wikinger, die auf Beute und nicht auf Eroberung aus waren. Die eher sporadischen Scharmützel, die sie den ihr Eigentum verteidigenden Angelsachsen lieferten, waren von daher nicht geeignet, politische Konsequenzen mit sich zu bringen. Dies zeigt sich auch daran, daß die Annalen in diesen Jahren keineswegs ausschließlich die Wikingerüberfälle zum Thema haben, sondern auch ausgiebig über andere Ereignisse wie Naturphänomene, kirchliche Synoden, innerangelsächsische oder anglo-britannische Auseinandersetzungen sowie über Ablösung oder Tod weltlicher und kirchlicher Machthaber oder hochrangige Eheschließungen berichten.

4.1.2 Aufbau und Struktur

Über Aufbau und Struktur der Annalen der Æthelwulfchronik ist ihrer Kürze wegen nur sehr wenig festzuhalten. Jeder Eintrag wird mit *her* eingeleitet, während der Schilderung weiterer Ereignisse, die im Berichtsjahr stattgefunden haben, fast immer ein *þy ilcan geare* vorangestellt wird (Ausnahme 822). Dies betrifft jedoch nicht die Meldungen über Todesfälle oder Machtwechsel, die einer Ereignisschilderung durch ein schlichtes *ond* angeschlossen werden (Ausnahme 837). Auch eine Folge verschiedener solcher Meldungen wird zumeist nur auf diese Weise verknüpft (Ausnahme 790).

In den Gefechtsberichten ist keine Präferenz für eine bestimmte Reihung der Informationen (wer kämpft wo gegen wen) festzustellen. Schilderungen, die den Ort des Gefechts als letzte Information angeben ('[AS] gefeaht wiþ [W] æt [Ort]'), und solche, die die Nennung des Gegners nachstellen ('[AS] gefeaht æt [Ort] wiþ [W]'), treten in gleicher

Häufigkeit auf, nämlich jeweils viermal.[110] Eine darüber hinausgehende Abweichung der Informationsfolge stellt der - noch in anderer Hinsicht ungewöhnliche - Eintrag A 851(3)[111] dar, der die Nennung des Kampfgegners als Objekt an den Anfang stellt: 'him [=W] gefeaht wiþ [AS] æt [Ort]'. Da dieser Eintrag jedoch zuvor ausgiebig die Aktivitäten der Wikinger schildert, ist eine solche Umstellung zwar nicht zwingend notwendig, aber doch immerhin logisch.

4.1.3 Taktik und Strategie

In den Berichten der Æthelwulfchronik erscheinen die Verteidigungsanstrengungen der Angelsachsen als eher unorganisiert und immer nur auf die augenblickliche Notlage zugeschnitten. Wenn sie auch häufig aus den Schlachten als Sieger hervorgingen, so konnten sie doch das Problem der Wikingerraubzüge als solches nicht in den Griff bekommen, und aus den Chronikschilderungen geht nicht hervor, daß dieses überhaupt in seiner Gesamtheit als Problem empfunden wurde. Insofern kann von irgendwelchen strategischen Gegenmaßnahmen in dieser Zeit noch nicht die Rede sein.

Was den Bereich der Gefechtstaktik angeht, so finden sich immerhin einige Hinweise darauf, daß die Angelsachsen zumindest den Versuch machten, sich auf die gegnerische Taktik einzustellen. So heißt es im Eintrag 851, eine kentische Streitmacht habe die Wikinger bei Sandwich in einer Seeschlacht bekämpft ("gefuhton on scipum") und sie nicht nur besiegt, sondern auch noch neun ihrer Schiffe gekapert ("ix scipu gefengon"). Dies stellt eine in diesem frühen Stadium bemerkenswerte Anpassung an die Kampfweise der Gegner dar und ist sicherlich zu deuten als ein Versuch, die Wikinger von ihren räuberischen Landgängen schon im Ansatz abzuhalten und weitere feindselige Aktionen durch das Kapern der Schiffe zumindest einzuschränken. Daß der Chronist diese Vorgänge ausdrücklich festhält, mag darauf hinweisen, daß er sich ihrer Bedeutung bewußt war. Zwei Jahre später (853) wird über einen Kampf der Streitkräfte von Kent und Surrey gegen ein Wikingerheer bei Thanet gesagt, es seien auf beiden Seiten viele Männer ertrunken, was dafür spricht, daß es sich gleichfalls um ein Seegefecht handelte.

---

110 Nachstellung der Ortsangabe: 833, 835, 837(2), 851(1); Nachstellung des Gegners: 837(1), 840, 845, 853.

111 Gemeint ist hier das dritte geschilderte Ereignis im Eintrag 851.

Ein weiterer, wenn auch sehr schwacher Hinweis auf taktisches Verhalten der Angelsachsen findet sich schon sehr früh, nämlich in dem Bericht, der den Wikingerangriff auf das Kloster Jarrow behandelt. Als die Schiffe der Wikinger auf dem Rückzug nach erfolgreicher Plünderung einem Unwetter zum Opfer fallen, werden die Schiffbrüchigen, die das Ufer erreichen, umgehend erschlagen: "sume cuce to þam stæðe comon. 7 þa man sona ofsloh æt ðære ea muðan" (DE 794). Da zwischen dem Abzug der Räuber und der Landung der den Sturm Überlebenden vermutlich eine gehörige Zeitspanne lag, so läßt sich annehmen, daß die Schwimmer nicht bei zufälligen Begegnungen erschlagen, sondern ganz gezielt abgefangen wurden, was wiederum eine zumindest zeitweilige Überwachung der Gegend durch die angelsächsischen Verteidiger impliziert.

Freilich sind die hier aufgeführten Beispiele für taktische Maßnahmen der Angelsachsen zu vage und zu sehr interpretationsabhängig, um einen nennenswerten Eindruck zu hinterlassen. Die Handlungen sind sicherlich taktisch begründet, aber diese Begründung findet keinen Eingang in den Text, sondern läßt sich nur aus diesem erschließen. Somit bleibt festzuhalten, daß den Chronisten der Æthelwulfchronik die sprachliche Realisierung taktischer oder gar strategischer Elemente der Kriegführung noch sehr fern lag.

4.1.4 Bewertungen und Begründungen

Nur zwei Beispiele liegen für diese Art von Chronistenkommentar in der Æthelwulfchronik vor. Das erste ist die Begründung, die der Eintrag 823 für die Unterwerfung des Kleinkönigtums Kent unter den westsächsischen König Egbert liefert: "þy hie from his mægum ær mid unrihte awidde wærun". Der Anspruch der Westsachsen gründet möglicherweise auf der Regentschaft von Egberts Vater Ealhmund in Kent;[112] das "unrihte" bleibt etwas vage, aber den zeitgenössischen Westsachsen war vermutlich die ganze Angelegenheit vollkommen einsichtig. Diese Abweichung von der üblichen chronikalischen Berichtweise ist erklärbar vor dem politischen Hintergrund dieses Eintrags, dessen Ereignisse für das Selbstwertgefühl der Westsachsen von großer Bedeutung gewesen sein müssen. Die Annexion von Kent, Sussex, Surrey und Essex durch Wessex markierte das Ende der Heptarchie, das nur noch die vier großen Königreiche der Angelsachsen bestehen ließ, und war zudem ein Meilenstein auf dem Weg König Egberts zur akzeptierten Oberherrschaft über ganz England. Der Sieg über die mercischen Streitkräfte und die freiwillige Unterwerfung von

---

112 Plummer, *Saxon Chronicles*, vol. 2, p. 71.

East Anglia im selben Jahr, die gleichfalls begründet wird, und zwar mit "for Miercna ege", fanden ihren Triumph in der Eroberung von Mercia 827 und der anschließenden Anerkennung König Egberts als 'Bretwalda', eine Position, die seit Ceawlin Ende des 6. Jahrhunderts kein westsächsischer Herrscher mehr innegehabt hatte. Von daher ist es begreiflich, wenn ein westsächsischer Chronist in einem solchen Moment vaterländischen Stolzes von seiner gewohnten Zurückhaltung Abstand nimmt.

Das zweite Beispiel eines Chronistenkommentars ist gleichfalls ein Fall von westsächsischem Patriotismus. 851 heißt es über den Sieg König Æthelwulfs über ein Wikingerheer von beachtlicher Größe:[113] "þær þæt mæste wæl geslogon on hæþnum herige þe we secgan hierdon oþ þisne 7weardan dæg". Dieser enthusiastische Jubel stellt nicht nur eine triumphale Bewertung des Geschehens dar, sondern hier offenbart sich sogar eine Erzählerperson mit der in der Heldendichtung verbreiteten, aber für die Chronik äußerst ungewöhnlichen Formel *we secgan hierdon*. Auffallend ist ferner der Ausdruck "oþ þisne 7weardan dæg", in der DE-Version abgeschwächt zu "æfre", der diesem Eintrag deutlich den Charakter zeitgenössischer Aufzeichnung gibt. Der Anlaß zu diesem für die Chronik ungewöhnlichen Jubel liegt außer in der Person des Helden - dem mutmaßlichen indirekten Impulsgeber für die Anlage dieses Chronikteils - und der enormen Stärke der gegnerischen Streitmacht auch in der Tatsache, daß die Wikinger zuvor den König von Mercia mit seinem Heer in die Flucht geschlagen hatten, was den westsächsischen Triumph sicherlich noch versüßte. Vor diesem Hintergrund erklärt sich auch der ebenfalls, wenn auch keinen direkten Chronistenkommentar enthaltende, unchronikalische Einschub "he þa swa dyde" im folgenden Eintrag 853, der ausführlich schildert, wie König Æthelwulf erfolgreich einer mercischen Bitte entspricht, ihnen gegen die Waliser beizustehen. Der Einschub steht zwischen der Wiedergabe der Bitte und dem Bericht über Æthelwulfs siegreichen Feldzug gegen Wales, "7 mid fierde for ofer Mierce on Norþwalas, 7 hie him ealle gehiersume dydan", ist also inhaltlich völlig redundant, aber er dient dazu, König Æthelwulfs Überlegenheit gegenüber Mercia herauszustellen. In der DE-Version gerät dieser Bericht bezeichnenderweise zu einer nüchternen Konstatierung der walisischen Unterwerfung aus mercischer Perspektive: "Her Burhred Myrcene cyning underðeodde hine Norð Wealas mid Æþelwulfes cininges fultume."

---

113 Die angegebene Zahl von 350 Schiffen ist sicherlich übertrieben; vgl. P. H. Sawyer, *The Age of the Vikings*, London, 1962, p. 17.

Abschließend ist hier noch der Eintrag 855 zu nennen, der Æthelwulfs Tod vermeldet und mit einer ausführlichen Genealogie bis zurück zu Adam eine Art Epitaph darstellt. Hier heißt es zu Anfang des Eintrags über Æthelwulfs Rückkehr nach einem Aufenthalt in Rom, "hie [sein Volk] þæs gefægene wærun".[114] Dieser ungewöhnliche, emotional gefärbte Kommentar bringt eine Verehrung für König Æthelwulf zum Ausdruck, die in diesem ebenfalls ungewöhnlichen Eintrag keineswegs befremdlich ist, und bestätigt somit, wie sehr Wertungen des Chronisten in diesem Chronikteil mit der Person Æthelwulfs verknüpft sind.

4.1.5 Wortschatz

Der Wortschatz ist gleichfalls recht beschränkt, was zum einen auf die thematische Enge der geschilderten Ereignisse zurückzuführen ist, zum anderen auf die Restriktionen des chronikalischen Stils, der dem Gebrauch von Adjektiven und Adverbien seiner Zielsetzung gemäß eher abhold ist. Beides zusammen fördert die Ausprägung einer formelhaften Berichtweise, die ähnliches Geschehen mit den gleichen Worten zu beschreiben neigt. Die herausragendsten Prägungen, die die Æthelwulfchronik geschaffen und auch den Fortsetzungen der Chronik hinterlassen hat, sind die Formulierungen für den Sieg in der Schlacht, *sige niman* und, stärker noch, *agan wælstowe gewald*. Während *sige niman* schon im 9. Jahrhundert ergänzt und im 10. dann gänzlich abgelöst wurde durch *sige agan* und *sige habban*, bleibt *agan wælstowe gewald* bis zur normannischen Eroberung in Gebrauch. Faszinierend ist jedoch vor allem die strenge Unterscheidung, die die Æthelwulfchronik bei der Verwendung dieser Begriffe trifft: *agan wælstowe gewald* bezieht sich ausnahmslos auf Siege der Wikinger (3x), während *sige niman* genauso ausnahmslos den Angelsachsen (7x) vorbehalten bleibt. Der Rest der alfredischen Urfassung (860-892)[115] vergibt beide Formulierungen an beide Parteien (*sige niman* 1x für AS, 2x für W; *agan wælstowe gewald* 1x für AS, 3x für W). Nach 892 taucht *sige niman* nur noch einmal (AS) auf, und *agan wælstowe gewald* gilt jetzt wieder mit sehr großer Mehrheit den Wikingern bzw. den feindlichen Normannen (1x für AS, 8x für W). Bei den Nachfolgebegriffen für *sige niman*, *sige agan* und *sige habban*, läßt sich eine ähnlich rigide Zuordnung ausmachen: *sige agan*, möglicherweise unter dem Einfluß von *agan wælstowe gewald,* wird mit einer Ausnahme gänzlich auf

---

114 Diese Formulierung ist auch in 878 zu finden, und zwar bezogen auf Alfreds Empfang durch seine Mannen, als sie sich zur Entscheidungsschlacht versammelten.

115 Der zeitliche Betrachtungsrahmen wird an dieser Stelle ausgedehnt, um diese Wortschatzanalyse im Zusammenhang abhandeln zu können.

die Wikinger bezogen (1x für AS, 6x für W), *sige habban* bezieht sich ausschließlich (4x) auf britische Völker bzw. 'Verwandte' (Festlandsachsen).

Ein weiterer Originalbeitrag der Æthelwulfchronik zum Chronikwortschatz ist der Ausdruck *micel wæl geslean*, der vom 10. Jahrhundert an auch durch *micel wæl ofslean* und andere *wæl*-Kombinationen ergänzt wird. Der Æthelwulfchronik eignet dabei die besondere Note, *micel wæl geslean* überaus häufig mit *sige niman* zu kombinieren (5 der 7 *sige niman* sind mit *micel wæl geslean* verknüpft), so daß man diese Zusammenfügung schon als eine neue, eigenständige Formel betrachten kann. Die Reihenfolge ist, abgesehen von der Erstnennung 823, in der *wæl* nachgestellt wird, immer gleich: *micel wæl geslogon 7 sige namon*. Ab 860 ist diese Kombination nicht mehr anzutreffen.

Zieht man nun Waterhouse' Beobachtung[116] über die konsequente Umstellung von Subjekt und Prädikat im jeweils ersten Satz der alfredischen Chronik ab 865 heran, so spricht nun noch mehr für ihre These, daß um 860/65 ein Wechsel entweder des Kompilators oder der Quelle stattgefunden habe. Ein Problem stellt dabei der Eintrag 860, der im Eingangssatz noch die normale Wortstellung hat, aber in einem zweiten Teil des Eintrags *agan wælstowe gewald* auf die Angelsachsen bezieht und zudem noch das Verb in diesem Ausdruck - einmalig in der alfredischen Chronik - nachstellt. Eine mögliche Erklärung könnte sein, daß der erste Teil dieses Eintrags noch ein Nachtrag zur Æthelwulfchronik war (der letzte Satz hat sehr abschließenden Charakter: "7 he hit [Wessex] heold on godre geþwærnesse 7 on micelre sibsumnesse"), und der neue Chronist fügte aus eigener Erinnerung noch den zweiten Teil über den Kampf um Winchester hinzu, bevor er mit dem Eintrag 865 sein eigentliches Werk begann. Dafür spräche die zeitlich unbestimmte Einleitung dieses Teils mit "on his dæge" sowie der Schlußsatz über Æthelbryhts Regierungsdauer und Bestattungsort. Eine andere Lösungsmöglichkeit: 860 ist im ganzen schon das Werk eines neuen Kompilators (der vielleicht auch schon den letzten Absatz von 855 nachgetragen hatte, welcher gleichfalls den Charakter eines Anhängsels hat), und er wählte am Anfang von 860 die normale Wortstellung nur ausnahmsweise, um die Betonung auf "forþferde" zu legen und damit nun die Wiederaufnahme des vorausgehenden Subjekts auszudrücken. In jedem Falle scheint der Eintrag 860 inhaltlich und syntaktisch eine Besonderheit und somit eine Grenzmarke in der Kompilation der alfredischen Chronik darzustellen.

---

116 Ruth Waterhouse, "Stylistic Features as a Factor in Detecting Changes of Sources in the Ninth Century Anglo-Saxon Chronicle", *Parergon* 27 (1980), pp. 3-8.

Zu dem lexikalischen Vermächtnis der Æthelwulfchronik sind weiterhin zu rechnen die Begriffe *here* und *fyrd* in ihrer Etablierung als *here*=Wikinger und *fyrd*=Angelsachsen,[117] in Anlehnung daran *sciphere* (erstmalig 835) sowie die Verben *fyrdian* (erstmalig 835) und *hergian* (erstmalig 794),[118] das für lange Zeit fest mit den Wikingern verbunden blieb. Die Ausdrücke für die Wikinger variieren zwischen *Deniscra manna* (nur 787), *Deniscan, hæðne here/men, (scip)here* und *sciphlæst*, wobei die Bezeichnung der Wikinger als Heiden nach 865 nur noch einmal, nämlich 871 referierend auf namentlich genannte Wikingerführer, auftaucht, woraus ersichtlich wird, daß der Glaubensgegensatz, wenn überhaupt, für die Chronisten der späteren alfredischen Chronik nur eine überaus geringe Rolle gespielt hat. Für die Æthelwulfchronisten war es vielleicht nur eine von vielen möglichen Bezeichnungen, die praktischerweise ohne Berücksichtigung der Menge der Feinde[119] immer anzuwenden war, bis dann infolge der Raubzüge der großen Wikingerarmee von 865 die Bezeichnung *here* allgegenwärtig wurde.

4.1.6 Syntax

Die Syntax der Æthelwulfchronik ist ausgesprochen schlicht. Es überwiegen aneinandergereihte Hauptsätze, zumeist durch *ond* verbunden, wohingegen Nebensätze nur in geringer Zahl auftreten. Unter diesen wenigen dominieren neben Relativsätzen (827, 851, 855) Kausalsätze (787, 823, 836), während nur ein Beispiel für einen Objektsatz (853) zu finden ist.

---

117 Vgl. Ruth Waterhouse, "Semantic Development of Two Terms within the 'Anglo-Saxon Chronicle'", *Studia Germanica Gandensia* 14 (1973), pp. 95-100.

118 Das Substantiv *hergung* taucht schon 793 auf, und zwar in Verbindung mit dem seltenen Verb *adiligian* in einer für die Chronik ungewöhnlichen Konstruktion: "earmlice heðenra manna hergung adiligode Godes cyrican in Lindisfarena" (DE), vielleicht die Nachbildung einer lateinischen Quelle.

119 Nach dem von Ine, König von Wessex 688-726, aufgestellten Gesetz: "We use the term "thieves" if the number of men does not exceed seven, "band of Marauders" (*hlop*) for a number between seven and thirty-five. Anything beyond this is a "raid" (*here*)." Zit. nach G. Jones, *A History of the Vikings*, London, 1973, p. 218.

4.1.7 Handlungsträger

Eine Bilanzierung der angelsächsischen Handlungsträger in den Kriegsschilderungen der Æthelwulfchronik ergibt folgendes Bild:

König als *pars pro toto*	agiert	2x
König mit Streitkräften		3x
ealdorman als *pars pro toto*		1x
ealdorman mit Streitkräften		5x
König + *ealdorman*		1x
indef. Pron.		1x

Diese Übersicht legt zwei Erkenntnisse nahe: Zum einen zeigt der geringe Anteil von Aktionen eines Königs als *pars pro toto*, daß die Hervorhebung eines Herrschers als qualifizierter Kriegführer bei den Darstellungsabsichten der Chronisten noch kaum ins Gewicht fällt. Beide hier vorliegenden Nennungen beziehen sich auf Egbert von Mercia, eine davon auf seinen großen Sieg bei *Ellendun*, der sicher genug Anlaß für Stolz auf das Herrscherhaus lieferte. Aber ein auszeichnungswilliger Chronist hätte bestimmt auch König Æthelwulf in seine Hervorhebung mit einbeziehen wollen, und von daher sind diese beiden Fälle wohl eher als Zufälle anzusehen, denen keine konkrete Intention zugrundeliegt.

Zum anderen spiegelt sich in der starken Präsenz der *ealdormen* die Tatsache wider, wie sehr die Landesverteidigung noch eine lokale Angelegenheit der einzelnen Grafschaften war, die auch untereinander eher selten gemeinsam vorgingen - nur zwei von den sechs *ealdorman*-Einsätzen in diesem Zeitraum werden von zwei Grafschaften vereint getragen.

Eine Überraschung stellt der schon erwähnte Kampf bei Jarrow 794 dar, da die dort recht ausführlich geschilderten Handlungen doch nur das indefinite Pronomen 'man' zum Agens haben. Dies mag daran liegen, daß die westsächsischen Chronisten über die Ereignisse in Northumbria einfach nicht so gut informiert oder auch nicht sehr interessiert an ihnen waren.

4.1.8 Perspektive

Unter dem Stichwort 'Perspektive' wird hier der Frage nachgegangen, welche der kriegführenden Parteien jeweils im Fokus der Berichterstattung steht, das heißt, mit welcher Partei sich der Chronist bei der Schilderung eines Ereignisses vornehmlich identifiziert. Die hierzu herangezogenen Kriterien folgen dem in der linguistischen Empathieforschung aufgestellten Prinzip der "Surface Structure Empathy Hierarchy":

> It is easiest for the speaker to empathize with the referent of the subject; it is next easiest for him to empathize with the referent of the object. It is most difficult for him to empathize with the referent of the by-passive agentive."[120]

Dies ist für die Untersuchung von Kriegsberichterstattung vor allem deshalb interessant, weil die Wirkungsmacht der Faktenrepräsentation, d.h. der Information über Sieg oder Niederlage, auf der Ebene der Empathie verstärkt oder auch gegenläufig eingeschränkt werden kann. Für Kriegshandlungen gilt gemeinhin, daß die agierende Partei die überlegene ist, während die reagierende und erst recht die inaktiv erduldende Partei die schwächere Position hat. In der Schilderung des Ereignisses jedoch kann die Identifikation des Berichterstatters mit der unterlegenen Partei den Eindruck von der Überlegenheit der anderen abschwächen. Auf die Berichte der Chronik bezogen bedeutet dies: In einem Satz wie *[121]*Her þa Deniscan abræcon Eoforwic, 7 þa burhware gefliemdon* dominieren die Wikinger nicht nur eindeutig das Geschehen, sondern auch den Satz, wogegen die Umstellung *Her Eoforwic wæs abrocen from þæm Deniscum 7 þa burhware wæron gefliemed* den Eindruck dänischer Macht deutlich abschwächt. Eine ähnlich relativierende Wirkung tritt ein, wenn beispielsweise anstelle von *Her hæðne men ofslogon ealdorman Æðelred æt Wintanceastre* stattdessen, der Perspektive der Angelsachsen folgend, formuliert wird *Her ealdorman Æðelred wæs ofslægen æt Wintanceastre from hæðnum monnum*. Der Verzicht auf die Darstellung des das Kriegsereignis auslösenden Handlungselements - das ja, abgesehen von der kurzen Zeit angelsächsischer Offensive im 10. Jahrhundert, zumeist in einer Aktion der Wikinger besteht - vermag die unterlegene Position der Angegriffenen als reagierende Partei zu verschleiern und ihnen somit scheinbar die Kontrolle über das Geschehen zuzuweisen: *Her Dornsæte gefeohton wiþ Deniscne here æt Werham, 7 þa Deniscan ahton wælstowe gewald* anstelle von *Her se here hergode Werham, 7 ðær wiþ Dornsæte gefeohton, 7 hie ahton wælstowe gewald*.

---

120 Susomo Kuno, "Subject, Theme, and the Speaker's Empathy. A Reexamination of Relativization Phenomena", *Subject and Topic*, ed. Charles N. Li, New York and London, 1976, p. 116.

121 Der Asterisk bedeutet hier, daß diese Sätze nicht in der Chronik vorliegen. Sie sind jedoch analog zu den tatsächlichen Aussagen konstruiert und wären insofern mögliche Chroniksätze. Es wurden keine tatsächlich vorliegenden Sätze ausgewählt, um die Umstellungen besser demonstrieren zu können.

In der Æthelwulfchronik stellt sich die Empathie der Chronisten nun wie folgt dar: Von den dreizehn kriegerischen Begegnungen zwischen Angelsachsen und Wikingern, die hier geschildert werden, folgt nur eine der Perspektive der Wikinger, d.h. nur in diesem Eintrag bleiben die Wikinger den ganzen Bericht hindurch (bis zum vorletzten Satz) Subjekt der Schilderung. Hier handelt es sich um den Eintrag 794 mit dem indefiniten Agens im letzten Satz (s.o.). Fünf Schilderungen folgen gänzlich der Perspektive der Angelsachsen und machen sie somit zu den allein Agierenden (837, Ereignis (1), 845, 851(1) und (2), 853), drei weitere tun dies bis nach dem Gefecht, da bei der Benennung des Siegers dann die Wikinger Subjekt werden (833, 837(2), 840). Zwei Schilderungen lassen die Angelsachsen als Reagierende erscheinen, da eine Wikingerhandlung dem Kampfbericht als auslösendes Element vorangestellt wird (die natürlich die Wikinger zum Subjekt hat), aber direkt danach werden die Angelsachsen zum Subjekt der Darstellung, denen dann die Perspektive bis zum Ende folgt (835, 851(3)). Zwei Schilderungen schließlich zeigen die Angelsachsen als Subjekt eines Passivsatzes mit den Wikingern als *'from'*-Agens, das sie zwar zu inaktiven Erduldern macht, aber auch hier durchgängig die angelsächsische Perspektive wahrt (838(1) und (2)). Insgesamt zeigen sich also zwölf der dreizehn Schilderungen als entweder ausschließlich die Perspektive der Angelsachsen vertretend oder als zumindest von ihr dominiert.

Indem also die Angelsachsen als agierende und somit als überlegene Partei des Kriegsgeschehens präsentiert werden, wird der nicht ganz zutreffende Eindruck vermittelt, sie hätten das Geschehen souverän unter Kontrolle. Besonders der Verzicht auf die Darstellung einer Wikingeraktion als kampfauslösendes Handlungselement läßt sie als diejenigen erscheinen, die die Handlung diktieren, auch wenn die Realität anders aussah. Im Gegensatz zu den späteren alfredischen und vor allem den Æthelred-Kriegern, die häufiger als Reagierende, wenn nicht überhaupt als Objekt der Schilderungen gezeigt werden, wirken diese Angelsachsen nicht so sehr überrumpelt und dementsprechend weniger hilflos.

4.2   Die spätere alfredische Chronik 860-892

4.2.1   Informationsgehalt

Dieser Teil der alfredischen Chronik ist gekennzeichnet durch die zunehmende Komplexität seiner Annalen, die über die der Æthelwulfchronik sowohl in bezug auf die Menge der Informationen als auch auf ihre Vielfalt weit hinausgehen. Ein einzelner Eintrag präsentiert häufig nicht nur ein oder zwei Ereignisse, sondern schildert eine ganze Reihe von solchen in deutlicher Abgrenzung voneinander, was das Geschehen dichter und temporeicher erscheinen läßt. Besonders deutlich kommt dies zum Ausdruck im Eintrag 871, der zunächst sechs verschiedene Gefechte in Folge beschreibt und dann zusammenfassend nur noch die Zahl der insgesamt im Berichtsjahr geschlagenen Schlachten nennt, während für die kleineren Scharmützel noch nicht einmal eine Zahl festzuhalten ist: "þe mon na ne rimde". Diese Bilanz des Chronisten präsentiert Krieger und Annalenschreiber gleichermaßen als vom Tempo der Ereignisse hart gefordert.

Außerdem lassen die alfredischen Darstellungen der Kriegsereignisse, was die Vollständigkeit der Handlungsabläufe betrifft, fast nie Fragen offen, wie es in der Æthelwulfchronik noch häufiger der Fall ist. Die Ausnahme ist der Eintrag 886, der Alfreds Eroberung von London meldet: "[...] gesette Ælfred cyning Lundenburg, 7 him all Angelcyn to cierde". Hier wird auf jede Erwähnung von Gefechten verzichtet, obwohl das "gesette" wie auch seine Folgen implizieren, daß Kriegshandlungen stattgefunden haben.[122] So entsteht der - möglicherweise unbeabsichtigte - Eindruck, daß allein Alfreds Erscheinen genügte, seinen Anspruch auf die Oberherrschaft durchzusetzen.

Im Unterschied zur Æthelwulfchronik leiten die alfredischen Chronisten häufig ihre Schilderungen mit dem das Kriegsgeschehen auslösenden Handlungselement ein, da sie Ankunft und Taten des Wikingerheeres konsequent melden. Dies entfällt nur, wenn andere Feinde als das *micel here* Angriffsziel der Angelsachsen sind oder wenn mehrere einzelne Gefechte im Rahmen eines Feldzugs geschildert werden, wie es 871 und 878 der Fall ist.

Die Einberufung der Truppen als Vorbereitung der Kriegshandlung wird gelegentlich schwach impliziert, wenn man "for mid fierde" solcherart deutet, sie findet in expliziter

---

122 Assers Darstellung der Geschehnisse macht dies deutlich (Keynes/Lapidge, *Alfred the Great*, p. 97f.); vgl. auch Whitelock, *Chronicle*, p. 52, Fn. 6, und Keynes/Lapidge, *ibid.*, p. 266, Fn. 198.

Form jedoch nur einmal Erwähnung, und zwar in dem - auch in anderer Hinsicht ungewöhnlichen (vgl. 4.2.4) - Eintrag 867: "micle fierd gegadrodon". Jedoch ist dieser Teil der alfredischen Chronik schon recht marschbetont, das heißt, die Truppenbewegungen beider Kriegsparteien werden häufig durch *faran*, *ridan* oder *cuman* sprachlich realisiert und nehmen verstärkt den Charakter taktischer Manöver an. Mit diesem Aspekt der Darstellungstechnik geraten die Annalen zum einen kriegskunstbewußter, zum anderen lebendiger und auch realistischer als die der Æthelwulfchronik, wo die Streitkräfte zumeist quasi aus dem Nichts in die Handlung treten und genauso wieder verschwinden. Dort entsprechen die Schilderungen sozusagen eher einem Ergebnisprotokoll, während sie sich hier einem Verlaufsprotokoll annähern. Der so entstehende Eindruck von bewegungsreicher Aktivität vermittelt somit natürlich auch einen lebensnaheren Einblick in die oft etwas atemlos anmutende Hetze, der die angelsächsischen Verteidiger ausgesetzt gewesen sein müssen, wie es besonders in den Einträgen 876-878 zum Ausdruck kommt.

Eine weitere neue Facette im Spektrum der dargestellten Handlungselemente ist die Darstellung der Konsequenzen, die eine Kriegshandlung nach sich ziehen kann, als da sind Friedensschlüsse, Abzug der Wikinger in ein anderes Gebiet (885), Kapitulation (882) oder formelle Unterwerfungsbekundungen (878, 886). In diesem Teil der alfredischen Chronik dominieren deutlich die Friedensschlüsse, die im Falle nichtwestsächsischer Reiche zumeist ohne die Erwähnung vorausgehender Kriegshandlungen vermerkt werden (865, 866, 872, 873). Unter den einer Schlacht folgenden Friedensschlüssen wird die reine Tatsache eines solchen ohne weitere Ausführungen 867 für Northumbria, 868 für Mercia und 871 auch für Wessex festgehalten, wobei letzterer nach der triumphierenden Bilanz erschlagener Wikingerführer etwas überraschend kommt. Die westsächsischen Friedensvereinbarungen von 876 und 877 - und erst recht natürlich der Friedensschluß mit dem besiegten Guthrum 878 - werden hingegen mit zusätzlichen Informationen über die Art der geleisteten Schwüre ausgeschmückt:

> [Die Wikinger] him [Alfred] þa aþas sworon on þam halgan beage, þe hie ær nanre þeode noldon, þæt hie hrædlice of his rice foren (876)

und

> hie him þær foregislas saldon. swa fela swa he habban wolde, 7 micle aþas sworon. (877)

Der Wunsch des westsächsischen Chronisten, die unterlegene Position Alfreds aufzuwerten, indem er das Respekt implizierende Entgegenkommen der Sieger betont, ist hier offensichtlich. Den anderen angelsächsischen Reichen wird nicht nur eine solche Aufwertung verweigert, sondern sie werden präsentiert als still in ihr Schicksal ergeben und zur Landesverteidigung nur selten - und wenn, dann erfolglos - bereit: Northumbria wirft sich 867 durch unüberlegtes Handeln (vgl. 4.2.4) einer Niederlage in die Arme, Mercia bedarf 868 westsächsischer Hilfe, um sich den Invasoren überhaupt entgegenzustellen,[123] und East Anglia wird 870 trotz Gegenwehr schlicht überrollt.[124]

Schließlich ist noch eine letzte Neuerung betreffend den Informationsgehalt der Kriegsschilderungen festzuhalten, nämlich die häufige namentliche Nennung der gegnerischen Kriegführer (871, 875, 876, 878, 890, 892). Ist es in der Æthelwulfchronik nur eine gesichtslose feindliche Masse, der die Angelsachsen gegenübertreten, so haben die alfredischen Krieger nun konkrete Personen vor sich. Zum einen verdeutlicht dies, daß es nun keine räuberischen Auftritte immer wechselnder Piratenscharen mehr sind, die das Land bedrohen, sondern das Langzeitwirken eines Eroberungsheeres, dessen Führungspersönlichkeiten wichtig genug sind, in Erinnerung gerufen zu werden. Zum anderen zeigt sich hier, besonders in der beiläufigen Vertrautheit, mit der bereits genannte Namen wieder aufgegriffen werden (875, 876, 878, 890), schon eine Andeutung eines veränderten Verhältnisses zwischen den Parteien auf politischer Ebene jenseits der Kampfhandlungen - die Etablierung des Danelag, was von den Chronisten in ihrer Retrospektive - bewußt oder unbewußt - durchaus wahrgenommen wird.

Die Ankunft des *micel here* hat den Charakter der alfredischen Annalen entscheidend verändert. Anstelle der thematischen Vielfalt der Æthelwulfchronik stehen nun fast ausschließlich die Wikinger im Interesse der Chronisten. Die einzigen nicht wikingerspezifischen Meldungen vor dem Frieden von Edington 878 erscheinen 867, 870 und 871; letztere berichtet von Æthelreds Tod und Alfreds Regierungsantritt, die beiden ersten melden den Tod zweier Bischöfe. 879 wird eine Sonnenfinsternis vermerkt, doch weitere Meldungen unkriegerischen Inhalts, die die Angelsachsen betreffen, bleiben trotz der militärischen Verschnaufpause vorerst aus. Die konsequente Verfolgung jeder Bewegung des *micel here* wird jedoch auch bezüglich seiner Aktivitäten auf dem Kontinent fortgesetzt (880-887, 890) und

---

123 Weder die Angelsachsenchronik noch Asser oder Æthelweard geben hier zu erkennen, daß sich überhaupt mercische Streitkräfte an diesem Feldzug beteiligt hätten.

124 Es scheint zweifelhaft, daß der heroische Widerstand König Edmunds, der ihm die Würden eines Märtyrers einbrachte, so gänzlich an dem Chronisten vorbeigegangen sein sollte; Edmund wurde spätestens in den 890ern bereits als Heiliger verehrt (Stenton, *Anglo-Saxon England*, p. 248).

bringt somit eine neue Kategorie in die Berichterstattung ein, "a category that corresponds to today's foreign news".[125] Diese 'foreign news' beinhalten auch einige wenige Meldungen, die nicht mit den Wikingern befaßt sind, sondern Machtwechsel im fränkischen Reich vermerken (885, 887). 'Home news' hingegen erscheinen erst wieder 888 und werden bis 891 fortgesetzt, bis dann 892 die Rückkehr des *micel here* wieder die Wikinger ins Zentrum der Berichterstattung befördert.

4.2.2 Aufbau und Struktur

Die genaue Verfolgung der Bewegungen des *micel here*, die von den alfredischen Chronisten betrieben wird, setzt die einzelnen Einträge in Beziehung zueinander und schafft somit einen übergreifenden kontextuellen Rahmen. Jeder mit den Wikingern befaßte Eintrag wird mit *Her for/rad/cuom se here to* [Ort] eingeleitet, und darüber hinaus wird häufig die jeweils letzte Station des Heeres als Ausgangspunkt wiederholt, beispielsweise

> 873: Her for se here on Norþhymbre, 7 he nam winter setl on Lindesse [...];
> 874: Her for se here from Lindesse to Hreopedune [...];
> 875: Her for se here from Hreopedune, 7 Healfdene for mid sumum þam here on Norþhymbre [...] 7 for Godrum 7 Oscytel 7 Anwynd [...] of Hreopedune to Grantebrycge [...].

In den Bemühungen der Chronisten, die Bewegungen des Heeres so genau wie möglich nachzuzeichnen, zeigt sich ein Kontinuitätsbewußtsein bezüglich der geschilderten Ereignisse, das an sich schon bemerkenswert ist. Doch darüber hinaus wird auch ein Kontinuitätsbewußtsein in bezug auf die Versprachlichung des Geschehens sichtbar, nämlich in den eigentlich überflüssigen Bestimmungen, die sie in ihrem Eifer gelegentlich dem *here* noch beifügen: "se ilca here" (868), "se forespræcena here" (865), "se here þe we gefyrn ymbe spræcon" (892).

Der Aufbau der einzelnen Einträge macht gleichfalls Fortschritte gegenüber der Æthelwulfchronik. Die zunehmende Informationsfülle und Komplexität der Annalen verlangt nach einer klareren Strukturierung als die frühen Faktenreihen, was von den Chronisten auch erkannt und umgesetzt wird - freilich oft noch etwas unbeholfen, da die Verteilung strukturierender Elemente allein den Kriterien inhaltlicher Abgrenzung folgt und somit

---

125 Anthony C. Giffard, "The *Anglo-Saxon Chronicle:* Precursor of the Press", *Journalism History* 9:1 (spring 1982), p. 14.

eine gewisse stilistische Schwerfälligkeit mit sich bringt. Das æthelwulfsche Ordnungsele-
ment *þy ilcan geare* bleibt erhalten, wird aber durch andere, spezifischere Zeitadverbiale ergänzt, wie *þy sumera* (875), *on hærfæste* (877), *on midne winter* (878), *þæs ilcan wintra*
(ibid.) *ofer Eastron* (871). Im Gegensatz zur Æthelwulfchronik wird jetzt jede Art von Meldung von dem vorhergehenden Ereignis auf diese Weise abgegrenzt. Doch auch dies erwei-
terte Spektrum der zeitlichen Bestimmungen wird als unzureichend angesehen, wenn es eine
inhaltlich zusammenhängende Folge von Ereignissen zu schildern gilt, wie es in den heraus-
ragenden 'Multi-event'-Einträgen 871 und 878 der Fall ist. Hier wird eine Strukturierung
des Geschehens erreicht, indem das jeweils darzustellende Ereignis zu dem vorausgehenden
in zeitliche Beziehung gesetzt wird durch Bestimmungen wie *þæs ymb XXX niht/wiecan/mo-
naþ*. Auf diese Weise schaffen die Chronisten eine Differenzierung des ihnen vorgegebenen
zeitlichen Bezugrahmens, die das annaleninhärente Ordnungsprinzip wahrt und dennoch
gleichzeitig eine kontextuelle Zuordnung ermöglicht.

4.2.3 Taktik und Strategie

Die alfredischen Chronisten zeigen sich hinsichtlich der Darstellung von taktischen und
auch strategischen Aspekten der Kriegführung ihren Kollegen der Æthelwulfchronik eindeutig überlegen, wenn sich auch ihre Schilderungen weiterhin auf einer rein handlungsorientierten Ebene bewegen und eine sprachliche Realisierung von Planungsvorgängen noch
nicht leisten.

Eine taktische Maßnahme, die von der Æthelwulfchronik bereits in Ansätzen vorgestellt worden ist, die Anpassung der Angelsachsen an die Gepflogenheiten der Gegner in
Form von Gefechten zur See, wird auch hier wieder aufgegriffen: Von drei Seekämpfen
weiß die Chronik zu berichten, die alle eher knapp abgehandelt werden, zwei unter der
Führung von Alfred (875, 882) und ein weiteres, das aus zwei verschiedenen Konfrontationen mit dem Gegner besteht (885). Dieses letztere ist bemerkenswert, da die Begegnungen
mit feindlichen Schiffen als zufällig geschildert werden: "þa hie comon on Stufe muþan, þa
metton hie xvi scipu wicenga", und "þa hie þa hamweard wendon [...] þa metton hie micelne sciphere wicenga". Dies legt die Vermutung nahe, daß es sich hier nicht um eine auf eine spezifische Situation ausgerichtete Verteidigungsmaßnahme handelt, sondern möglicherweise um eine von Alfred angeordnete Patrouillenfahrt: "[...] sende Ælfred cyning sciphere
on East Engle". Akzeptiert man diese Interpretation, so ist dies ein beachtenswertes Beispiel
für eine strategische Leistung Alfreds, die von dem Chronisten auch als solche erfaßt, wenn

auch nicht in vollem Umfang vermittelt wird. Die anderen beiden Seegefechtsschilderungen schließen eine ähnliche Deutung zwar nicht gänzlich aus, aber weisen auch durch nichts darauf hin, und wenn es solche Seepatrouillen wirklich gab, so ist es eher unwahrscheinlich, daß der König sie in eigener Person leitete.

Ein weiterer Aspekt alfredischer Taktik, der von den Chronisten zum Ausdruck gebracht wird, ist die Verfolgung der Gegner, wenn sie sich einem Kampf nicht stellen (877) oder sich von ihm zurückziehen wollen (878). Dieser Aspekt ist darüber hinaus auch von großer strategischer Bedeutung, denn er offenbart, wie Alfreds Verteidigungskonzept darauf beruht, die Hit-and-run-Taktik des Gegners zu unterlaufen und ihn zu Entscheidungsschlachten zu zwingen. Daß diese Strategie von den Chronisten begriffen worden ist, wenn sie auch nicht in Worte gefaßt werden kann, läßt sich aus den Schilderungen des 871-Feldzuges herauslesen. Diese wissen recht klar zu vermitteln, wie Alfred das feindliche Heer immer wieder an verschiedenen Orten attackiert und versucht, eine Entscheidung herbeizuführen. Die dezidierte Unterscheidung, die der 871-Eintrag zwischen kleineren Scharmützeln ("rad") und richtigen Schlachten ("folc gefeoht") zu treffen in der Lage ist, ist ebenfalls hierfür ein Indikator.

Im taktischen Vorgehen beider Parteien spielen Festungen bzw. befestigte Lager eine zunehmend wichtige Rolle als Ausgangsbasis oder Rückzugsmöglichkeit, was von den Chronisten erkannt und wiedergegeben wird. 878 baut Alfred ein "geweorc" bei Athelney, was man sich in diesem Zusammenhang sicherlich als ein verschanztes Lager vorzustellen hat, "7 of þam geweorc was winnende wiþ þone here". Ebenso sichern sich die Wikinger 885 bei ihrer Belagerung von Rochester durch eine Befestigung ab, "7 worhton oþer fæsten ymbe hie selfe", und die erste Tat der beiden 892 eintreffenden Wikingerheere ist der Bau jeweils eines "geweorc". Wiederholt entziehen die Wikinger sich Alfreds Zugriff, indem sie sich in einer Festung verschanzen, "þær him non to ne meahte" (877, außerdem 868), doch erst 878 erfährt man, daß Alfred mit einer Belagerung reagiert. Bezüglich der großen strategischen Errungenschaft in Form des langfristig angelegten Festungsbauprogramms, das Alfred initiierte, bewahren seine Chronisten tiefes Schweigen. Einzig der Hinweis auf eine im Entstehen begriffene Befestigung ("sam worht"), die 892 von den Wikingern gestürmt wird, läßt eine solche Bautätigkeit erahnen. Ein ähnlich schwacher Verweis betreffend die Verteidiger von Rochester 885 deutet darauf hin, daß die Befestigungen ständig bemannt waren: "hie þeah þa ceastre aweredon oþþæt Ælfred com utan mid fierde".[126]

---

126 Vgl. hierzu N. P. Brooks, "England in the Ninth Century: The Crucible of Defeat", *Transactions of the Royal Historical Society*, 5th ser. 29 (1979), pp. 17f.:

Wenn die politische Dimension von Alfreds strategischem Konzept in den Chronik-schilderungen fast überhaupt keinen - und erst recht keinen expliziten - Niederschlag findet, so ist dies nicht weniger, als man erwarten darf. Insofern ist es auch nicht sehr über-raschend, daß die Union zwischen Wessex und Mercia von den Chronisten so gar nicht zur Kenntnis genommen wird, die 868 durch Alfreds Heirat mit einer Tochter des mercischen Königshauses gefestigt und 883 mit der Anerkennung von Alfreds Oberherrschaft durch *ealdorman* Æthelred von Mercia (bald darauf Alfreds Schwiegersohn) besiegelt wurde. Der Eintrag von 868 registriert die westsächsische Hilfe für Mercia, die bemerkenswert ist als erste Allianz zweier angelsächsischer Königreiche, deren Anerkennung der Wikinger als ge-meinsame Feinde zugleich eine Anerkennung gemeinsamer und folglich überregionaler In-teressen war. Das Problem der Landesverteidigung nahm eine größere Dimension an und beeinflußte somit die politischen Strukturen - ohne die Wikinger hätte es vermutlich die Oberherrschaft von Wessex nie gegeben. Aber der betreffende Chronikeintrag läßt allenfalls lokalpatriotische Genugtuung erkennen, indem er den Umstand betont, daß sich west-sächsische Truppen auf mercischem Gebiet - und zwar tief im Landesinneren - bewegen: "þa ferdon hie mid Wesseaxna fierde innan Mierce oþ Snotengaham". Gleichfalls nur am Rande erwähnt wird Alfreds Schachzug, das 885 zurückeroberte London, das vor seiner Be-setzung durch die Wikinger zu Mercia gehörte, in *ealdorman* Æthelreds Obhut zu über-stellen und somit Mercia gegenüber guten Willen zu demonstrieren.

Die Strategie der Wikinger kommt in den Schilderungen der Chronik recht gut zum Ausdruck. Es wird deutlich, daß die Überfälle der seefahrenden Räuber dem zermürbenden Landkrieg einer Eroberungsmacht, die sich vor allem auf ihre Schnelligkeit und Beweglich-keit verläßt, gewichen sind. Dies zeigt auch ihr Bemühen, sich so schnell wie möglich berit-ten zu machen, wenn sie ihre Schiffe verlassen (866, 885), oder ihre Pferde gleich mitzu-bringen (892). Die Chronisten registrieren diese Ausrüstungsdetails ganz genau, auch be-zeichnen sie zwischendurch gelegentlich das Wikingerheer als "gehorsode", und zwar just

---

But the strategy of the Viking army of 865 had invalidated the policy of building fortified centres of refuge *(Fluchtburgen)*; for the large Danish army had seized these boroughs as it needed them, before the local population could flee there. Alfred's solution was to instal garrisons in the West saxon boroughs.

Neben dem "Burghal Hidage" genannten Dokument aus der Zeit Edward des Älteren, das 31 befestigte Orte aufführt, von denen eine ganze Anzahl alfredische Festungen sein sollen (D. Hinton, *Alfred's Kingdom: Wessex and the South 800-1500*, London, 1977, pp. 30ff.), berichtet auch Asser von Alfreds Festungsbaupro-gramm (Keynes/Lapidge, *Alfred the Great*, p. 102).

dann, wenn sie den westsächsischen Streitkräften dank ihrer Schnelligkeit entwischen (876, 877). Hier wird offensichtlich, daß dieses Element der Wikingerstrategie den Chronisten sehr bewußt war.

Abschließend sei der Vollständigkeit halber noch ein geringfügigerer Aspekt taktischen Verhaltens im Gefecht genannt: In der Schilderung der Schlacht von Ashdown 871 heißt es über die Wikinger, daß sie in zwei Abteilungen ("on twæm gefylcum") kämpften, die eine geführt von den Königen, die andere von den "eorlas", woran sich König Æthelred und sein Bruder Alfred sofort anpassen und auch ihre Streitmacht, gleichfalls hierarchisch sortiert, teilen. Zwei Monate später wird auf Wikingerseite wieder in zweigeteilter Schlachtordnung zum Kampf angetreten. Es ist ungewöhnlich, daß die Chronik überhaupt kampftechnische Einzelheiten einer Schlacht erwähnt, aber diese Zweiteilung muß den Chronisten aus irgendeinem Grund sehr beeindruckt haben.

4.2.4 Bewertungen und Begründungen

Hier ist zunächst die Bewertung der Regierungszeit König Æthelbryhts im Eintrag 860 zu nennen, auf die an anderer Stelle schon eingegangen worden ist (4.1.5). Diese für den chronikalischen Stil eher ungewöhnliche Beurteilung wird erklärlich durch ihre Funktion als retrospektive Zusammenfassung einer Regierungsperiode. Die Version DE läßt diese Aussage gänzlich weg, während BC auf "on micelre gesibsumnesse" verzichten. Möglicherweise erschien dieser Ausdruck als Widerspruch zu dem nachstehend berichteten Wikingerüberfall auf Winchester. Andererseits mag einem Ende der 860er schreibenden Annalisten, der Erfahrung mit dem *micel here* hat, ein einziger aufzeichnenswerter Überfall in fünf Jahren durchaus wie tiefer Frieden vorgekommen sein.

Ein weiteres Beispiel für einen Chronistenkommentar ist der Eintrag 867, der in seiner Gesamtheit eine auffällige Form der Wertung darstellt. Die inneren Machtstreitigkeiten in Northumbria werden als "micel ungeþuærnes" bezeichnet, der neue König erhält das kritische Attribut "ungecynde". Dem Entschluß der Northumbrier, den Kampf gegen die Wikinger aufzunehmen, wird ein - offensichtlich tadelndes - "late on geare" beigeordnet, und die folgende Truppeneinberufung wird mit "þeah" angeschlossen. Ihr Angriff auf die Festung York endet mit einer Niederlage, und sie fallen einem Gemetzel zum Opfer, das nicht nur *micel* wie üblich, sondern "ungemetlic" ist. Es entsteht so der Eindruck, als halte der Chronist die Northumbrier für Wirrköpfe, denen ihre innenpolitischen Auseinandersetzungen aus dem Ruder laufen, die es nicht fertigbringen, einen angemessenen Herrscher zu wählen, und die zudem nicht wissen, zu welcher Zeit im Jahr man vernünftigerweise Krieg führt.

Der nächste Befehlshaber, den die Verachtung des westsächsischen Chronisten trifft, ist Ceolwulf von Mercia, der "unwis cyninges þegn" (874), den die Wikinger nach ihrer Eroberung des Königreichs als Verwalter auf Widerruf von ihren Gnaden einsetzen. Die Chronik nennt ausführlich die Bedingungen, unter denen diese temporäre Übergabe abgeschlossen wird und die für die westsächsischen Nachbarn natürlich von Interesse sind. Aus dem Ceolwulf beigegebenen Attribut spricht möglicherweise nicht nur Verachtung, sondern echte Sorge, denn diese Vereinbarung bedeutete feste Basen für Wikingertrupps in gefährlicher Nachbarschaft, und von dem neuen Herrn von Mercia war sicher keine wirkungsvolle Unterstützung zu erwarten.

Den Wikingern wird wiederum eine gewisse Heimtücke bescheinigt, wenn es heißt, sie hätten sich unter dem Schutz eines Friedensabkommens heimlich davongestohlen ("bestælon", 865, 876), um die Feindseligkeiten wieder aufzunehmen. Allerdings werden ihre Bewegungen auch mit "bestælon" wiedergegeben, wenn gar kein Vertragsbruch vorliegt (876) oder der Vertrag schon als erfüllt angesehen wurde, wie es 878 der der Fall ist, nachdem ihnen im Eintrag von 877 anerkennend bestätigt worden ist, sie hätten "godne friþ" gehalten. Man kann deshalb vermuten, daß das "bestælon" auch die enorme Schnelligkeit der Wikinger zu bezeichnen sucht, die ihre Bewegungen der Beobachtung entzieht und sie somit als heimlich erscheinen läßt. Auf jeden Fall impliziert dies Verb, daß auf seiten der Wikinger Heimlichtuerei im Spiel ist und nicht etwa die Wachsamkeit der Westsachsen durch Nachlässigkeit versagt hat.

Auf der anderen Seite werden Alfreds Leistungen in seinem großen Sieg 878 duch die Beigabe von Adjektiven und Adverbien noch ein bißchen mehr herausgehoben: Nach der Kapitulation von Wessex und Alfreds Rückzug in die Sümpfe von Athelney weist der Chronist darauf hin, daß der König mit nur kleinem Gefolge ("lytle werode") operierte und sich unter Schwierigkeiten ("unieþelice") auf problematischem Gelände ("on morfæstenum") bewegte. Die Loyalität der Wessexkrieger, die das Wiedersehen mit ihrem König vor der Entscheidungsschlacht freudig begrüßen, wird gefeiert: "his gefægene wærun". Und schließlich kämpft Alfred, der zwar inzwischen Verstärkung bekommen hat, aber dessen "lytle werode" dank wiederholter Erwähnung noch gut in Erinnerung ist, kontrasthalber gegen "alne þone here".

All diese eher geringfügigen Auf- und Abwertungen sind sicherlich als Ausdruck einer gewissen westsächsischen Voreingenommenheit anzusehen, die allerdings von Propaganda noch sehr weit entfernt ist. Und indem sie die stilistischen Grundsätze annalistischer Aufzeichnung verlassen, tragen sie zur Belebung der dargestellten Ereignisse wie auch der Lesbarkeit der Chronik entscheidend bei.

4.2.5 Wortschatz

Die Formelhaftigkeit, die die Æthelwulfchronik auszeichnet, beginnt in der späteren alfredischen Chronik zu verschwimmen. Die früher geprägten Standardformulierungen wie *micel wæl, agan wælstowe gewald, sige niman* treten zwar noch auf, aber zumeist in den vergleichsweise wortkargen Schilderungen, die auch in der Syntax die schlichte Parataxe beibehalten. Die Formeln *sige niman* und *agan wælstowe gewald* verlieren ihre bisher so eindeutige Zuordnung (vgl. 4.1.5), und *sige agan* tritt als Variation dazu.

Beschränkten sich die lexikalischen Innovationen der Æthelwulfchronik noch, der thematischen Enge ihrer Kriegsberichterstattung entsprechend, auf grundlegende Begriffe des Kämpfens und Siegens sowie auf noch wenig differenzierende Benennungen der Kriegsparteien, so lassen sich an den Neuzugängen im alfredischen Lexikon ebenfalls inhaltliche Schwerpunkte dieses Chronikteils ablesen. Im Zusammenhang mit der verstärkt thematisierten Truppenbewegung werden die Verben *bestelan* (865[127]), *gehorsian*[128] (866) und, für die Verteidigerseite, *hindan ofridan* (877) eingeführt. Auch die große taktische und strategische Errungenschaft der Befestigungen schlägt lexikalisch zu Buche mit *geweorc* (868), *fæsten* (877), *sittan* (878) bzw. *ymbsittan* (885) und *awerian* (885), das nur noch zweimal 921 auftaucht und sich auch dort auf die Verteidigung einer Festung bezieht. Die veränderte Verweildauer der Wikinger kommt zum Ausdruck in der Neuschöpfung *wintersetl* (866, außer einer Nennung 1016 in der gesamten Chronik stets mit *niman* kombiniert) und auch in der kontrastierenden Form *sumorlida* (einmalig 871). Ferner differenzieren die alfredischen Chronisten genauer zwischen den einzelnen Erscheinungsformen eines Wikinger-

---

127 Alle in Klammern gesetzten Zahlen geben die jeweilige Erstnennung des betreffenden Wortes an. Sollte in der Chronik keine weitere mehr auftreten, so wird das vermerkt.

128 Oder auch seltener *behorsian*. Interessanterweise ist dieses Verb in der Chronik des 10. Jahrhunderts vollkommen abwesend, während es im 11. Jahrhundert wieder auftaucht.

trupps, also der Armee (*here*) auf der einen und kleineren Piratenbanden auf der anderen Seite. Letztere werden bezeichnet durch *sciphlæst* oder - neu - durch Kombinationen mit *wicenga*: *hlop wicenga* (879), *sciphere* oder einfach *scipu wicenga* (885).

4.2.6 Syntax

Die Syntax der späteren alfredischen Chronik erreicht gegenüber der Æthelwulfchronik einen weit höheren Grad an Komplexität. Zwar gibt es immer noch auch die schlichten Reihungen von Hauptsätzen, daneben tritt jedoch eine große Anzahl von hypotaktischen Satzstrukturen auf. Das Spektrum der Nebensatzarten ist breiter geworden, eindeutig dominiert von Relativ- und Objektsätzen. Die wachsende Häufigkeit der ersteren liegt an der durchgängigen Neigung zu breiterer Ausgestaltung der Informationen; das vermehrte Auftreten der letzteren (in der Æthelwulfchronik noch äußerst schwach vertreten) gründet auf den neu hinzugekommenen Schilderungen von Friedensabkommen und -schwüren, die mittels anderer Konstruktionen kaum darzustellen sind. In geringerer Anzahl treten auch adverbiale Nebensätze auf, zuvorderst Temporal- und Kausalsätze, sehr viele davon jedoch außerhalb der Kriegsschilderungen.

4.2.7 Handlungsträger

Hier werden die angelsächsischen Handlungsträger bereits ganz anders präsentiert als in der Æthelwulfchronik. Die Bilanz der Agierenden sieht folgendermaßen aus:

Æthelred cyning 7 Ælfred his broður	3x
Æthelred + Alfred mit Streitkräften	2x
König (Alfred) als *pars pro toto*	2x
König mit Streitkräften	6x
ealdorman als *pars pro toto*	1x
ealdorman mit Streitkräften	1x
indef. Pron.	1x

Es zeigt sich hier eine Umkehr der Verhältnisse der Æthelwulfchronik. Zum einen wird ganz deutlich an der verschwindend kleinen Rolle der *ealdormen* als Kriegführer, daß die einzelnen Grafschaftskontingente allein für die Landesverteidigung nichts mehr leisten können. Den frühen Piratentrupps konnten sie noch widerstehen, aber im Angesicht der massiven Bedrohung durch das *micel here* müssen die Westsachsen jetzt eine *'miclan fyrd'* zur Verteidigung aufbieten, die unter dem Kommando des Herrschers antritt.

Zum anderen fällt auf, daß der Anteil von Schilderungen, in denen der König als *pars pro toto* agiert, nicht gewachsen ist, obwohl mit Alfred nun die zentrale Person die Bühne betreten hat. Verfolgt man jedoch den Numerus der Verben im weiteren Verlauf der Darstellungen, die König Alfred mit Streitkräften zum Agens haben, so muß man feststellen, daß hier durchgängig die Singularform gewählt wird. Auf diese Weise wird Alfred doch wieder zum scheinbar allein Handelnden. Ferner läßt sich in diesem Zusammenhang beobachten, daß König Æthelred hier in der Chronik, von seinem Amtsantritt und seinem Tod abgesehen, niemals allein und als eigenständig handelnde Person auftritt, sondern immer nur im Tandem mit "Ælfred his broður". Dieser wird also als Führerpersönlichkeit aufgebaut, die zunehmend die Handlung kontrolliert, allerdings bislang nur einmal als Lenker und Denker in Erscheinung tritt, nämlich 885 als Initiator der Schiffspatrouille, "sende Ælfred cyning sciphere [...]".

4.2.8 Perspektive

Die Perspektive präsentiert sich hier gemischter und weniger angelsachsenzentriert als in der Æthelwulfchronik. Sechzehn der dreiundzwanzig geschilderten Kriegshandlungen werden in ihrem Gesamtbild von den Angelsachsen dominiert, sieben von den Wikingern. Insofern ist die Perspektive im Vergleich zur Æthelwulfchronik schon verstärkt den Wikingern zugewandt. Berücksichtigt man jetzt noch die vierzehn weiteren Berichte, die von Truppenbewegungen der Wikinger handeln, ohne daß es zu Konfrontationen mit den Landesverteidigern kommt, so verschiebt sich das Bild noch mehr zugunsten der Eindringlinge. Es wird sehr deutlich, daß in dieser Phase der Kriege die Wikinger die Offensivmacht sind, die die Handlung vorgibt und kontrolliert.

Wiederum ein anderes Bild zeigt sich in den Berichten von tatsächlichen Kriegshandlungen, wenn man nur danach fragt, welche Partei zu Beginn als Subjekt eingeführt wird, also die Handlung in Gang setzt. In zehn Darstellungen sind es die Wikinger, sieben Mal davon übernehmen die Angelsachsen gleich nach der Benennung des auslösenden Handlungselements als Reagierende das Geschehen. In den anderen dreizehn Schilderungen sind sie von vornherein die Agierenden (im weiteren Verlauf der Handlung verschieben sich die Rollen, manchmal auch mehrmals). Acht von diesen Schilderungen gehören den schlachtenreichen Berichten der Jahre 871 und 878 an, die in besonderem Maße von Alfreds Strategie, den Gegner zur Schlacht zu zwingen, gekennzeichnet sind. Auch in der Darstellungsperspektive kommt also diese Strategie zum Ausdruck.

Zu dem die Unterlegenheit einer Partei abschwächenden Effekt, den die Chronistenperspektive auch bewirken kann, sei noch abschließend angemerkt, daß dieser in den Berichten über die von Alfred persönlich erlittenen Niederlagen in den Kämpfen von 871 eingesetzt wird. Mit Ausnahme der Schilderung der Schlacht von Basing, die nur aus der Meldung über Gefecht und Sieger besteht, folgen die Darstellungen so weit wie möglich der Perspektive der Angelsachsen, bis eine Bezeichnung der siegreichen Partei unumgänglich ist:

> þæs ymb ii monaþ gefeaht Æþered cyning 7 Ælfred his broþur wiþ þone here æt Meretune, 7 hie wærun on tuæm gefylcium, 7 hie butu gefliemdon, 7 longe on dæg sige ahton, 7 þær wearþ micel wælsliht on gehwæþere hond, 7 þa Deniscan ahton wælstowe gewald [...].

4.3 Zusammenfassung

In der Kriegsberichterstattung der alfredischen Chronik 787-892 manifestiert sich sowohl in bezug auf Inhalt als auch auf Form ein deutlicher zweiphasiger Entwicklungsprozeß mit einer Zäsur um 860. Der Informationsgehalt der Kriegsschilderungen nimmt zu, denn anstelle von Berichten, die nur die Basisinformationen über ein Gefecht liefern, wie es in der ersten Phase, der Æthelwulfchronik, zumeist der Fall ist, treten in der zweiten Phase vermehrt solche, die diese Basisinformationen um Mitteilungen über Auslöser, Vorbereitung und Konsequenzen der Kriegshandlung ergänzen. Auch wächst der Anteil der Informationen, die nicht primär der Vermittlung des Handlungsablaufs dienen, sondern Situationen oder, seltener, Personen oder Personengruppen illustrieren. Das Kriegskunstverständnis der Chronisten macht in der späteren alfredischen Chronik deutliche Entwicklungsfortschritte, verbleibt allerdings auf einer rein handlungsorientierten Ebene. Taktische und vereinzelt auch strategische Aspekte der Kriegführung werden in manchen Schilderungen zwar durchaus sichtbar, aber - mittelbar und der Interpretation unterworfen - allein durch die Handlung zum Ausdruck gebracht. Sie werden nicht mit einer explizit oder auch nur implizit vermerkten Absicht in Verbindung gebracht und erst recht nicht als Resultat von Planungsvorgängen dargestellt. Das Darstellungsgeschick der Chronisten nimmt gleichfalls im Verlauf der Chronik zu. Schilderungen, die für das Verständnis einer Kriegshandlung wesentliche Informationen vermissen lassen, tauchen in der späteren alfredischen Chronik fast überhaupt nicht mehr auf. Darüber hinaus lassen die hier häufig zu findenden Informationen über Auslöser und Konsequenzen einer kriegerischen Handlung einen Sinn auch für die darstellerische Abrundung einer Schilderung erkennen. Die Formelhaftigkeit der Präsentation, die große Teile der Æthelwulfchronik kennzeichnet, weicht einer in Wortschatz und Syntax variableren Ausdrucksweise, die auch komplexe Handlungsvorgänge darzustellen vermag und zudem eher einen Eindruck von Wirklichkeitsnähe vermittelt. Bewertungen des Geschehens durch die Chronisten sind selten. Wenn sie auftreten, erscheinen sie häufig in der Form von ein Urteil implizierenden Adjektiven oder Adverbien und bringen - beabsichtigt oder unbeabsichtigt - die Parteinahme eines Chronisten zugunsten der Belange seiner westsächsischen Heimat zum Ausdruck. Auf Verknüpfungen, die Herstellung von Kausalbeziehungen oder Relativierungen, wird hingegen weitestgehend verzichtet. Insofern spiegelt die alfredische Chronik in ihrer Gesamtheit in ihrer Wandlung von annalistischer zu chronikalischer Aufzeichnung die Unterschiede, aber auch die Grenzen chronographischer Geschichtsschreibung, die sie im großen und ganzen nicht überschreitet.

5   DIE FORTSETZUNGEN DER ALFREDISCHEN CHRONIK 893-946

Die umfangreicheren ersten drei Sequenzen dieser Chronikschicht, also die Annalen 893-923, werden anhand des eingeführten Analyseschemas untersucht. Die letzten beiden, das *Mercian Register* und die letzte Fortsetzung, 934-946, werden der Kargheit ihres Materials wegen nur jeweils zusammenfassend vorgestellt. Des großen Gesamtumfangs dieser Chronikschicht wegen wird jeweils am Ende der ersten drei Sequenzuntersuchungen eine kurze Zusammenfassung der wichtigsten Erkenntnisse vorgenommen, während die Schlußzusammenfassung dieser Schicht vermehrt auf einen Vergleich der Sequenzen abhebt.

5.1   Die erste Fortsetzung: die späteren Feldzüge Alfreds 893-896

Die Darstellung der späteren Feldzüge Alfreds hebt sich sowohl in Inhalt als auch in Form von den vorangehenden und den nachfolgenden Annalensequenzen in besonderem Maße ab. Hier liegt eine komplexe, in sich abgeschlossene Schilderung von - sich über vier Jahre erstreckenden - Kriegshandlungen vor, die an Informationsfülle, Detailreichtum und darstellerischer Variation der ersten alfredischen Kompilation weit überlegen ist. Daß diese Sequenz 893-896 das Werk eines einzigen Autors und 896 oder kurz danach in ihrer Gesamtheit verfaßt worden ist, wird gemeinhin nicht bezweifelt.[129] Nicht nur in ihrer Eigenschaft als kompaktes - und auch als solches intendiertes - Produkt eines einzelnen Autors, sondern auch mit der häufigen Einbeziehung von Begründungen und Erläuterungen sowie der Präsenz eines distinkten Erzählers, *ic*,[130] sprengt diese Schilderung den Rahmen chronikalischer Geschichtsschreibung und nimmt - vorsichtig ausgedrückt - zumindest deutliche Züge der *Historia* an.[131] Das Bemühen des Chronisten, in seiner Schilderung gleichzeitiges Ge-

---

129 Vgl. Keynes/Lapidge, *Alfred the Great*, p. 229. Vgl. auch Janet Bately, "The Compilation of the Anglo-Saxon Chronicle Once More", *Sources and Relations: Studies in Honour of J. E. Cross*, ed. Marie Collins *et al.*, Leeds, 1985, *passim*, die ausgehend von stilistischen Erkenntnissen den größeren Teil von 896 - ab "Næfde se here" - von diesem Werk ausschließen möchte.

130 Während in der ersten alfredischen Kompilation wie auch im weiteren Verlauf der Angelsachsenchronik gelegentlich der rhetorische Plural *we* auftritt, steht das *ic* dieser Sequenz (893, 896), zusammen mit einem weiteren *ic* im Eintrag 905, wo exakt die 896-Formulierung wiederholt wird, in der Chronik bis zum Ende des 11. Jahrhunderts einzigartig da. (Weitere *ic* liegen in E 1085, 1086, 1100 und 1123 vor.)

131 Vgl. M. B. Parkes, "The Palaeography of the Parker Manuscript of the *Chronicle*, Laws and Sedulius, and Historiography at Winchester in the Late Ninth and Tenth Centuries", *Anglo-Saxon England* 5 (1976), p. 155. Er weist darauf hin, daß in dieser Sequenz die Jahreszahlen im MS A nicht wie sonst an den Rand des Eintrags, sondern zentriert darüber gesetzt sind, und folgert, "it is a 'history' layout [...] and not an 'annals' layout". Dagegen warnt Clark, "Narrative Mode", p. 225, diese Entwicklung hin zur *Historia* sei nur relativ, da die Schilderung einen Sinn für klare Exposition vermissen lasse; zudem seien

schehen an verschiedenen Schauplätzen im Auge zu behalten sowie es in Relation zu bereits vergangenen Ereignissen zu setzen, führt jedoch, besonders im Eintrag 893, zu einigen Verworrenheiten bezüglich des chronologischen Ablaufs der Ereignisse.

5.1.1 Informationsgehalt

Gemäß der andersartigen Anlage dieses Chronikberichts ist auch die Präsentation des Kriegsgeschehens eine andere. Jede Bewegung der Streitkräfte wird ausführlich dokumentiert, und der in der alfredischen Chronik so häufige Typ von Schilderung, der sich auf die Basisinformationen zu einem Gefecht beschränkt, findet dementsprechend so gut wie keine Verwendung mehr. Die einzige Ausnahme ist eine eingeschobene kurze Meldung vom Nebenschauplatz Sussex (894), die sich jedoch in ihrer peniblen Identifizierung der Handlungsträger von den meisten ihrer Vorgänger abhebt:

þa se here eft hamweard wende. þe Exanceaster beseten hæfde, þa hergodon hie upon SuðSeaxum neah Cisseceastre, 7 þa burgware hie gefliemdon, 7 hira monig hund ofslogon, 7 hira scipu sumu genamon.

Alle anderen Schilderungen dieser Sequenz sind reich an Informationen, die weit über das unmittelbar zum Verständnis Erforderliche hinausgehen. Das die Kriegshandlung auslösende Element wird stets festgehalten, fast nie hingegen auch die sich aus ihr ergebenden Konsequenzen. Dies wird zum einen bedingt durch den Charakter der geschilderten Handlung, nämlich als einer Folge von Gefechten, die erst mit dem Ende des Feldzugs eine Entscheidung mit sich bringen kann, zum anderen durch den daran angepaßten engen Fokus, also die Kleinschrittigkeit der Berichterstattung. Der Chronist weicht hiervon nur einmal ab, und zwar im Zuge des Berichts von der Erstürmung von Hæstens Festung in Benfleet durch die Angelsachsen (893), bei der Frau und Kinder des abwesenden Hæsten in die Hände der Sieger geraten. Das weitere Schicksal dieser Gefangenen, nämlich ihre Verbringung zu König Alfred und dann ihre großzügig von ihm angeordnete Rückführung zu Hæsten, wird genau verfolgt und zudem mit Erläuterungen zum besonderen Verhältnis zwischen den angelsächsischen Führern und dem Wikingerchef versehen.

Waren die Berichte des späteren Teils der alfredischen Chronik schon recht marschbetont, so nehmen die Truppenbewegungen beider Seiten hier nun eine zentrale Rolle in den

---

Adjektive und Adverbien weiterhin rar. Dies muß allerdings für sich allein genommen noch nicht gegen eine historische Anlage sprechen.

Schilderungen ein. Die Wikinger erscheinen außerhalb der Belagerungsszenen als ununterbrochen in Bewegung. Sie ziehen kreuz und quer über die Insel: 893 von Essex zum Oberlauf des Severn, dann zurück nach Essex und von dort aus über East Anglia nach Chester, 894 von Chester über Northumbria nach Essex, 895 von Essex an den Severn - und vollbringen dabei zuweilen erstaunliche Leistungen. So heißt es 893 über ihre Tour von East Anglia nach Chester, sie hätten diese zurückgelegt, ohne zu pausieren, "anstreces dæges 7 nihtes". Da dies unmöglich der Wahrheit entsprechen kann - es handelt sich um eine Distanz von mindestens 150 Meilen - sollte diese Übertreibung des Chronisten einfach als Ausdruck ihrer ungewöhnlich anmutenden Beweglichkeit verstanden werden, die vielleicht auch die Furcht des *here* vor den sie verfolgenden Angelsachsen implizieren soll. Denn so schnell die Wikinger auch waren, Alfreds Truppen saßen ihnen dicht auf den Fersen, und die wachsende Mobilität und Reichweite der angelsächsischen Streitkräfte, von Stenton zu Recht als "the most striking features of the war"[132] bezeichnet, kommen in der Schilderung der Chronik deutlich zum Ausdruck. Die Truppenbewegungen erscheinen hier nun fast ausschließlich in der Funktion von taktisch bedeutsamen Manövern, die mehr beinhalten als die Anreise zu einem bestimmten Ort.

Das Handlungselement der Truppeneinberufung, von der alfredischen Kompilation nur sporadisch und fast immer nur in impliziter Form einbezogen, wird in dieser Sequenz konsequent sprachlich realisiert. Für beide Parteien werden Neu- bzw. Erstformierungen von Streitkräften getreulich festgehalten (alle 893), wobei die stehende *fyrd* der Angelsachsen, einmal von Alfred zu Beginn des Feldzuges zusammengerufen, für den Rest des Kriegsgeschehens als allzeit bereit erscheint, während die Einberufung der umliegenden Garnisonen zu der kleineren *ad-hoc*-Streitmacht, die das Wikingerheer am Severn stoppt, ausdrücklich vermerkt wird. Auf der Wikingerseite findet die Versammlung der Devon angreifenden Flotte, die Wiedervereinigung von Hæstens Truppe mit dem Appledore-*here* sowie die Verstärkung, die die am Severn geschlagene Streitmacht aus East Anglia und Northumbria erhält, Erwähnung.

Ferner ist für 893 eine der seltenen Aufnahmen des Handlungselements der Kenntnisnahme festzuhalten, und zwar in Zusammenhang mit Alfreds Reaktion auf den feindlichen Flottenanmarsch auf Devon: "þa se cyng þæt hierde, þa wende he hine west wið Exanceastres". Durch seine im Vergleich zur ersten alfredischen Kompilation differenziertere Syntax vermag dieser Chronist nicht nur die Handlungen beider Seiten in eine klare

---

132 Stenton, *Anglo-Saxon England*, p. 264.

zeitliche Beziehung zueinander zu setzen, sondern auch durch die der *þa* ... *þa*-Konstruktion inhärente Kausalverknüpfung die Gegebenheit von Ursache und Wirkung herauszustellen.[133]

Die große Innovation dieser Chroniksequenz ist jedoch die sprachliche Realisierung von Planung. Hier sind zunächst die beiden Berichte über Alfreds organisatorische Errungenschaften, die Aufteilung der *fyrd* (893) und der systematische Aufbau einer Flotte (896) zu nennen. Daneben wird in einigen Episoden zukunftsbezogenes Handeln der Akteure impliziert, dem natürlich ein Akt vorausschauenden Denkens vorangegangen sein muß. So heißt es, die Angelsachsen hätten den Wikingern den Weg abgeschnitten (893, 896), und eroberte Wikingerschiffe, die noch gebrauchsfähig waren, seien nach London geschafft worden (895, ähnlich 893),[134] was die Planung ihres zukünftigen Einsatzes auf angelsächsischer Seite beinhaltet. Ferner liegen Darstellungen vor, die mittels Finalsätzen *(þæt/swa þæt + magan)* Absichten und Beweggründe der Handelnden vermitteln (893, 895) und sie somit in der retrospektiven Unterstellung des Chronisten auch als Planende ausweisen. Absichten der Wikinger, die dann des angelsächsischen Eingreifens wegen nicht mehr zur Ausführung gelangen, werden mittels *wyllan* bekanntgegeben (893, der Ausbruch aus Appledore).

Eine andere wichtige Bereicherung des Informationsspektrums der Chronik offenbart sich in der Einbeziehung von Versorgungsproblemen in die Darstellung. Dreimal wird hier die Ernährung der Streitkräfte bzw. das Fehlen derselben thematisiert, das das Kriegsgeschehen nachhaltig zu beinflussen vermag, was gleichfalls in den Berichten zum Ausdruck kommt. 893 muß die im Feld befindliche Abteilung der *fyrd* eine Belagerung der Wikinger aufgeben, da ihre Dienstperiode zu Ende ist und dementsprechend ihre Vorräte erschöpft sind.[135] Später im Jahr sind es dann die Wikinger, die von akutem Ernährungsnotstand - den der Chronist mit spürbarer Genugtuung ausmalt - gezwungen werden, aus einer von den Angelsachsen belagerten, aber offenbar uneinnehmbaren Stellung auszurücken, und prompt eine Niederlage hinnehmen müssen:

---

133 Vgl. den anderen bislang aufgetretenen Fall von Kenntnisnahme: "þa he þæt hierde, 7 mid fierde ferde" (835), wo die parataktische Satzstruktur weder kausale noch temporale Verknüpfung herzustellen in der Lage ist.

134 Schiffe, die nicht transportiert werden können, werden indessen zerstört, woraus zu schließen ist, daß sie vor einer möglichen Wiederbenutzung durch die Wikinger sichergestellt und somit deren Streitmacht langfristig entzogen werden sollten.

135 Vgl. Hooper, "Anglo-Saxons at War", p. 195: "They [...] brought the necessary provisions with them."

þa wæron hie mid metelieste gewægde, 7 hæfdon micelne dæl þara horsa freten. 7 þa oþre wæron hungre acwolen. þa eodon hie ut [...], 7 him wiþ gefuhton, 7 þa Cristnan hæfdon sige.

Bald darauf wird dasselbe, inzwischen wieder verstärkte *here* in Chester belagert, wo die Angelsachsen zwar nach zwei Tagen wieder abrücken, aber vorher dem Gegner nachhaltig die Ernährungsgrundlage entziehen: "genamon ceapes eall þæt þær buton wæs, [...] 7 þæt corn eall forbærndon, 7 mid hira horsum fretton on ælcre efenehðe." Der Erfolg dieser strategischen Maßnahme zeigt sich bald nach dem Jahreswechsel, als der Hunger das Wikingerheer in Chester zwingt, ihren Standort zu verlagern: "forþæm hie ðær sittan ne mehton; þæt wæs forðy þe hie wæron benumene ægðer ge þæs ceapes, ge þæs cornes" (894). Die Ausführlichkeit, mit der sich dieser Chronist der Versorgungsfrage und ihrer Konsequenzen annimmt, zeigt, daß er sich ihrer kriegswichtigen Rolle durchaus bewußt ist. Umfaßten also bisher die Schilderungen der Chronik fast ausschließlich die Elemente der Kriegführung im engeren Sinne - Gefechte, Märsche, Lager -, so hält in dieser Sequenz nun auch der Bereich der Vorbereitung, der zweite Bestandteil der Kriegskunst (vgl. 2.3), umfassend Einzug in die Darstellung: Einberufung und Einteilung der Truppen, ihre Ausrüstung (mit Schiffen) und ihre Ernährung werden jetzt gleichfalls explizit in die Kriegsberichterstattung mit einbezogen. Schon allein, was die Breite seiner Informationen angeht, ist dieser Chronist ein meisterhafter 'Korrespondent'.

5.1.2 Aufbau und Struktur

Diese erstmalig in der Chronik über die Jahresgrenzen hinaus zusammenhängend gestaltete Sequenz gliedert sich in zwei unterschiedlich umfangreiche Berichtsabschnitte. Der erste Abschnitt, der etwa zwei Drittel des Gesamtberichts einnimmt, dokumentiert in drei Jahreseinträgen (893-895) den Abwehrkampf der Angelsachsen gegen zwei, im Verlauf der Ereignisse auch vereint operierende, Wikingerheere. Der zweite Abschnitt (896) zerfällt wiederum in drei Teile: Zunächst wird in einer kurzen Meldung die Auflösung der feindlichen Armee (derer ein Teil sich im Danelag niederläßt, ein anderer Teil gen Kontinent zieht) festgehalten. Dann erfolgt eine Art Bilanzierung der geschilderten Jahre, die eine Reihe (offenbar nicht kriegsbedingter) Todesfälle im Berichtszeitraum beklagt und Erleichterung darüber ausdrückt, in diesem Krieg glimpflich davongekommen zu sein. Schließlich wird von einer erneuten Bedrohung durch eine Danelagflotte und Alfreds Reaktion in Form seines Schiffsbauprojektes berichtet und sofort anschließend die Bewährungsprobe dieser neuen Schiffe in einer Seeschlacht in der Gegend der Isle of Wight geschildert. Der Eintrag schließt mit zwei kurzen Meldungen im gewohnten annalistischen Stil über den Schiffbruch einer Wikingertruppe und den Tod eines königlichen Marschalls.

Die Schilderung der Seeschlacht, an der insgesamt fünfzehn Schiffe beteiligt waren, vermag den Ablauf der Ereignisse nicht recht verständlich zu machen, was hauptsächlich aus der - in altenglischen Texten häufigen - uneindeutigen Referenz der Pronomina resultiert.[136] Im Fall des Eintrags 893 jedoch, der gleichfalls große Verständnisprobleme aufwirft, liegen die Gründe dafür anders. Hier entstehen die Unklarheiten durch den Verzicht des Chronisten auf chronologische Darstellung zugunsten eines komplizierten Gefüges auf verschiedenen Zeitebenen. Ereignisse, die für das Verständnis des Gesamtgeschehens wichtig wären, werden nicht an ihrem Platz im Handlungsablauf geschildert, sondern später als Rückblicke zwischengeschaltet und durch temporale Verknüpfung sowie den Gebrauch Vorzeitigkeit denotierender Verbformen in das Geschehen eingeordnet und zu ihm in Beziehung gesetzt. So erfährt man nichts über den Verbleib der kleineren Wikingerarmee unter Hæsten, nachdem Alfred beide Heere in ihren Stellungen in Milton Royal bzw. Appledore festgenagelt hatte, und auch die Spur der größeren Armee von Appledore verliert sich für eine Weile nach der von den Angelsachsen abgebrochenen Belagerung auf Thorney Island. Erst im Zuge des Berichts von der Erstürmung der Festung Hæstens in Benfleet stellt sich heraus, daß Hæsten von Milton aus nach Benfleet gekommen und die andere Armee inzwischen auch dort eingetroffen war. Dann kehrt die Schilderung zur Eroberung von Benfleet zurück, vermerkt die Gefangennahme von Hæstens Familie und berichtet dann rückblickend von dem Abkommen zwischen Alfred und Hæsten (sowie Hæstens anschließenden Plünderzügen), das noch vor des letzteren Ankunft in Benfleet getroffen worden war. Von diesem Punkt an folgt die Darstellung wieder chronologisch den von dem nunmehr vereinigten *here* ausgelösten Ereignissen und verläßt diese Hauptschauplätze nur, um einen Blick auf den Nebenschauplatz Devon zu werfen, wo König Alfred währenddessen ein anderes Wikingerheer aus dem Danelag verfolgt. Dieser Blick beschränkt sich einmal auch schlicht darauf, in einem Einschub Alfreds Aufenthaltsort zu konstatieren und somit mitzuteilen, daß der König durchaus noch am Geschehen teilhat:

> hine þær utan besæton on ælcre healfe, on anum fæstenne. þa hie ða fela
> wucena sæton on twa healfe þære e, 7 se cyng wæs west on Defnum wiþ
> þone sciphere, þa wæron hie mid meteliste gewægde [...].

---

136 Vgl. Magoun, "Naval and Beach Battle", p. 409.

Temporalkonstruktionen mit *þa* ... *þa* markieren ausdrücklich die Gleichzeitigkeit der beiden Handlungsstränge, wenn auch die Position des Einschubs mitten in der Belagerungsschilderung völlig unmotiviert wirkt. Einen weiteren Rückblick schließlich stellt die Information über Alfreds Organisation der *fyrd* dar, die der Milton/Appledore-Episode zwischengeschaltet ist:

> Hæfde se cyning his fierd on tu tonumen, swa þæt hie wæron simle healfe æt
> ham, healfe ute, butan þæm monnum þe þa burga healdan sceolden.

Die Plazierung dieses Einschubs scheint auf den ersten Blick ebenfalls nicht unbedingt einleuchtend, da er die Ereignisschilderung unterbricht und viel besser zu dem Bericht von der Belagerung der Insel Thorney gepaßt hätte, in dem ja beide Abteilungen der *fyrd* eine Rolle spielen. Dieser Einschub folgt jedoch direkt auf die Mitteilung, den Wikingern hätten sich jederzeit angelsächsische Streitkräfte entgegengestellt, und zwar "ge of þære fierde, ge eac of þæm burgum". *Fyrd* und *burg* sind nun auch die zentralen Begriffe des Einschubs, so daß man zu dem Eindruck gelangen kann, der Chronist habe sich bei der Niederschrift des vorangehenden Satzes durch eine assoziative Verknüpfung dazu veranlaßt gefühlt, der Gegenüberstellung von *fyrd* und *burg* eine generelle Erläuterung hinzuzufügen. Betrachtet man nun noch einmal die Ereignisse von Benfleet, so läßt sich auch hier hinter den Zeit- und Themensprüngen eine assoziative Logik erkennen: Das Eintreffen der Angelsachsen in Benfleet legt nahe, nun den Erbauer der Festung, ihre gegenwärtige Besatzung und die zeitliche Relation dieser verschiedenen Ankünfte zu erwähnen; die Geschichte der Beziehung zwischen Hæsten und Alfred drängt sich in dem Moment auf, wo der König als 'Empfänger' von Hæstens Familie in den Fokus des Berichts tritt.[137] Ebenso kann man für den zuvor erwähnten Einschub über König Alfreds Feldzug in Devon auf dieser Folie der Assoziation eine - allerdings etwas weit hergeholte - Erklärung finden, wenn man dem Chronisten unterstellt, das diesem Einschub vorausgehende zweimalige "healfe" habe ihn an eine andere Art von *healfe*, nämlich an den anderen aktiven Teil der angelsächsischen Streitmacht erinnert. Doch ob nun diese letzte Spekulation zutreffen mag oder nicht, so scheint es jedenfalls gerechtfertigt, die Plazierung der eingeschobenen Retrospektiven als Resultat assoziativer Verknüpfungen von seiten des Chronisten zu betrachten.

---

137 Shippey, "Missing Army", p. 51, entwickelt bezüglich der Benfleet-Episode tentativ einen ähnlichen Gedankengang und folgert berechtigterweise daraus, der Chronist sei nicht gut in der Lage gewesen, sich im voraus über wichtige und entbehrliche Elemente seiner Darstellung klarzuwerden.

Die Einträge 893-895 sind ferner gekennzeichnet durch das Bemühen des Chronisten, die geschilderten Ereignisse so deutlich wie möglich in zeitliche Beziehung zueinander zu setzen, wie schon allein die große Zahl temporaler Nebensätze mit *ær* oder *þa ... þa* zeigt. Darüber hinaus neigt er gelegentlich dazu, die Handlungsfolgen durch Wiederholung dergestalt miteinander zu verketten, daß das letzte Element der einen als erstes Element der nächsten Folge erneut aufgegriffen wird.[138] Das Vertrauen des Chronisten in seine eigenen darstellerischen Fähigkeiten oder auch die Auffassungsgabe seiner Leser scheint nicht sehr groß zu sein, wenn er auf diese ängstlich bemühte Weise versucht, jegliches Mißverständnis auszuschließen.

Dieser Eifer des Chronisten, eine Beziehung zwischen den geschilderten Ereignissen herzustellen, kommt weiterhin in den zeitlichen Resümees zum Tragen, die jeden Jahreseintrag abschließen: "þæt wæs ymb twelf monað/twa ger/þreo ger þæs þe hie hider ofer sæ comon" bzw. "þæs þe hie on Limene muðan comon ofer sæ". Zum einen wird hier trotz des andersartigen Charakters der Darstellung das annalistische Ordnungsprinzip aufgegriffen und bestätigt, zum anderen wird den einzelnen Jahreseinträgen ihr Platz in einem übergreifenden, die Gesamtheit der Einträge 893-895 umfassenden Zeitsystem zugewiesen. Indem der letzte 'Jahresabschluß' mit der nur hier vorkommenden Herkunftsangabe "on Limene muðan" auf den Beginn der Sequenz zurückreferiert, wird, um im Bild zu bleiben, die Kette geschlossen. Die in der alfredischen Kompilation gebräuchlichen Strukturmerkmale werden weitgehend beibehalten, ausgenommen das einleitende *her*, das durch *on þys/þysum geare* abgelöst wird. Das Gliederungselement *þy ilcan geare*, das bislang einen Themenwechsel innerhalb eines Eintrags markierte,[139] wird auch weiterhin in diesem Sinne gebraucht, findet aber in den ersten drei Jahreseinträgen der Anlage der Darstellung gemäß nur wenig Verwendung, da die Ereignisse dort wohl als zu sehr zusammenhängend empfunden worden sind, um solcherart gegeneinander abgegrenzt zu werden. Die schon in der späteren alfredischen Chronik zusätzlich auftretenden spezifizierenden Zeitadverbiale wie *þy ilcan sumera, on hærfeste*, etc., sind in dieser Sequenz ebenfalls, wenn auch nicht sehr häufig, zu finden.

---

138 Shippey, "Missing Army", p. 50: "He tends to say: When A happened, then B happened. When B happened, then C happened. The result is highly redundant, and even then not immediately clear." Shippey bezieht sich hier vor allem auf die Schilderung der Verfolgungsjagd 893, die in der Belagerung von Buttington endete und in der Tat fast ausschließlich aus solchen Verkettungen besteht.

139 Bately, "Compilation Once More", p. 16 und Fn. 67, weist darauf hin, daß der Eintrag 895 entgegen aller Gewohnheit mit "on þy ilcan geare" eingeleitet wird, und vermutet, daß die Jahreszahl von einem Schreiber verfrüht eingesetzt worden sei.

5.1.3 Taktik und Strategie

In dieser Sequenz offenbart sich ein die alfredischen Chronisten bei weitem übertreffendes Kriegskunstverständnis des Verfassers, der sowohl taktische als auch strategische Aspekte des Kriegsgeschehens als solche einzuorden und darzustellen weiß.

Auf seiten der Strategie sind die beiden Berichte von den großen organisatorischen Errungenschaften Alfreds zu nennen, die Strukturierung der *fyrd* (893) und der Aufbau einer Flotte (896). In dem letztgenannten Bericht wird der König explizit als Initiator dieses Schiffsbauprojekts gezeigt, "þa het Ælfred cyng timbran lang scipu", dann werden die Schiffe beschrieben und ihre Überlegenheit über die Wikingerschiffe herausgestellt. Schließlich betont der Chronist - mit einigem Stolz, wie es scheint -, sie folgten weder der friesischen, noch der dänischen Bauart, sondern des Königs höchsteigenem, anforderungs-orientierten Design: "swa him selfum ðuhte þæt hie nytwyrðoste beon meahton." Der Bericht von der Aufteilung der *fyrd*, der kurz und knapp gehalten ist, benennt nebenbei noch die dritte, bisher von der Chronik vernachlässigte Errungenschaft alfredischer Kriegführung, ohne sie allerdings als solche zu kennzeichnen, nämlich das System der permanent bemannten Befestigungen: "butan þæm monnum þe þa burga healdan sceolden". Die Funktion dieser Garnisonen innerhalb Alfreds strategischen Konzepts wird gleichfalls nicht explizit als solche vermerkt, war aber dem Chronisten wohl durchaus bewußt, denn sie kommt in den Schilderungen der Handlung gut zum Ausdruck. Die Aufgabe der Besatzungen ist nicht nur die Verteidigung des von ihrer jeweiligen Festung kontrollierten Landstriches, wie es die *burgware* von Chichester 894 vorführen, sondern sie rücken in Notfällen auch mit anderen Burgbesatzungen im Verbund zu einem Verfolgungsmarsch aus, wie es 893 anläßlich des Wikingerzugs von Shoebury nach Buttington geschildert wird. Aber darüber hinaus agieren sie zusammen und in Abstimmung mit der *fyrd* in einem übergreifenden "defense-in-depth system"[140]: 895 greift ein "micel dæl þara burgwara 7 eac swa oþres folces" eine Befestigung der Wikinger am Lea an, und später, nachdem die Feinde zum Abzug gezwungen worden sind, erfüllt jede Gruppe die ihr gemäßen Aufgaben: "þa rad seo fyrd west æfter þæm herige, 7 þa men of Lundenbyrig gefetedon þa scipu". 893 werden die schweifenden Banden der Wikinger von Milton und Appledore von angelsächsischen Trupps, "ge of þære fierde, ge eac of þæm burgum" in Schach gehalten. Etwas später operiert die abgeordnete Abteilung der *fyrd* gemeinsam mit der Londoner Garnison und noch zusätzlich herangezogener Verstärkung bei der Erstürmung von Hæstens Festung in Benfleet: "þa foron

---

140 Abels, *Military Obligation*, p. 68; vgl. 2.2.

forð oþþe hie comon to Lundenbyrig, 7 þa mid þæm burgwarum 7 þæm fultume þe him westan com, foron east to Bleamflote". Besonders die Bezeichnung "fultume" macht hier deutlich, daß es sich um eine vorausgeplante Aktion im Rahmen eines strategischen Systems handelt.

Auf seiten der Taktik stehen gleichfalls zwei herausragende Berichte im Vordergrund, in denen der Chronist jeweils eine Handlung in ihrer taktischen Funktion darstellt, indem er die ihr zugrundeliegende Absicht benennt und somit einen Planungsakt des Handelnden deutlich impliziert. Der erste Bericht steht gleich am Anfang von 893 und schildert Alfreds taktische Positionierung seiner Streitmacht angesichts der beiden Wikingerheere in Milton und Appledore, mit der er beide in ihren Stellungen festnagelt und somit größere Plünderzüge verhindert:

> For þæt he gewicode betwuh þæm twam hergum. þær þær he niehst rymet hæfde for wudufæstenne, ond for wæterfæstenne, swa þæt he mehte ægþerne geræcan gif hie ænigne feld secan wolden.

Der Erfolg dieser Maßnahme stellt sich auch sofort ein, denn die Wikinger wagen sich nur noch in kleinen Streiftrupps (die nicht viel Schaden anrichten können), aus ihren Befestigungen, und auch das natürlich nur dort, wo gerade keine angelsächsischen Streitkräfte stehen, wo die Gegend "fierdleas"[141] ist, wie der Chronist vermerkt. Der andere herausragende Bericht schildert zunächst eine ähnliche Maßnahme 895, als Alfred durch die schützende Anwesenheit seiner Armee nahe einer Wikingerfestung dafür sorgt, daß seine Angelsachsen ihre Ernte ungestört einbringen können:

> þa þæs on hærfeste þa wicode se cyng on neaweste þare byrig, þa while þe hie hira corn gerypon, þæt þa Deniscan him ne mehton þæs ripes forwyrnan.

Diese taktischen Positionierungen haben als Ausdruck eines prinzipellen Konzepts[142] der Einschränkung gegnerischer Beweglichkeit auch eine strategische Dimension. An die zuletzt angeführte Episode direkt anschließend berichtet der Chronist dann von Alfreds Blockade des Flusses Lea, um die Wikinger, die sich weiter flußaufwärts verschanzt haben, an einer Ausfahrt zu Schiff zu hindern - diese hätte möglicherweise einen Angriff auf das zwanzig

---

141 Dieser Ausdruck ist hier einmalig in der gesamten altenglischen Literatur, also offenbar eine Eigenkomposition des Chronisten.

142 Vgl. Gillingham, "Science of War", p. 85: "The mere presence of an opposing army somewhere in the vicinity was normally enough to force the invader to keep his own army together and thus prevent him from ravaging and plundering."

Meilen entfernte London zum Ziel haben können. Dieser Bericht ist besonders bemerkenswert, weil er die taktischen Überlegungen Alfreds wirklich nachvollzieht und erst dann ihre Umsetzung in Handlung beschreibt:

> þa sume dæge rad se cyng up be þære eæ, 7 gehawade hwær mon mehte þa
> ea forwyrcan, þæt hie ne mehton þa scipu utbrengan. 7 hie þa swa dydon.
> worhton ða tu geweorc. on twa healfe þære eas.

Gehawian ist zwar strenggenommen kein Verb des Denkens, aber in diesem Kontext doch klar in einem solchen Sinne zu verstehen, zumal das eigentlich redundante "7 hie þa swa dydon" sehr deutlich die Grenze zwischen Überlegung und Ausführung markiert. Andererseits zeigt gerade die Tatsache, daß hier eben kein *hycgan* oder *þencan* verwendet wird, auch die Begrenzungen chronikalischer Schilderungen, die eben doch in erster Linie Handlungsschilderungen sind.

Für den Bereich der Taktik sind weiterhin die Beispiele zukunftsbezogenen Handelns zu nennen, die der Chronist mit *forridan foran* bzw. *forfaran foran* zum Ausdruck bringt. So schneidet die angelsächsische *fyrd* 893 den von Appledore zu ihren Schiffen in Essex ausrückenden Wikingern bei Farnham den Weg ab und zwingt sie zum Kampf, und 896 verbarrikadiert eine Abordnung der neugeschaffenen Flotte einigen Wikingerschiffen die Ausfahrt aus einer Flußmündung. Diese Beispiele implizieren Überlegungen über die Absichten der Gegner und darauf beruhend den eigenen Vorsatz, zu einer bestimmten Zeit einen gegebenen Ort zu erreichen. Nicht zwingend Ausdruck zukunftsbezogenen Handelns, aber dennoch von taktischer Bedeutung sind hingegen die gelungenen oder auch nicht gelungenen Überholmanöver bei der Verfolgung der gegnerischen Streitmacht, "þa offoron hie þone here hindan æt Buttingtune", oder "þa mehte seo fird hie na hindan offaran" (beide 893). Auch hier offenbart sich die Absicht der Angelsachsen, den Gegnern das Gefecht aufzuzwingen, und die stetige Verfolgung jeglicher Truppenbewegungen der Wikinger, wie sie in dieser Sequenz präsentiert wird, macht deutlich, daß diese Maßnahmen auch Elemente eines übergreifenden strategischen Konzepts sind.[143] In dieser Sequenz zeigt sich ferner, daß die Errichtung von befestigten Lagern in der Kriegführung der Angelsachsen kaum mehr eine Rolle spielt, seit das System der *burhs* in Aktion getreten ist. Die einzigen Befestigungen, deren Bau geschildert wird, sind die beiden, die 895 zur Überwachung des Lea dienen. In der Taktik der Wikinger sind sie jedoch nach wie vor als Basis für Plünderzüge

---

143 Dieses Konzept Alfreds ist auch schon in der späteren alfredischen Chronik zum Ausdruck gekommen, wo es jedoch eine weit weniger präzise Darstellung findet.

oder als Zufluchtsort vor dem Zugriff der Angelsachsen von zentraler Bedeutung. Fünfmal zeigt der Chronist sie in ihrem *geweorc* sitzend, drei davon sind explizit von ihnen errichtet worden.

Neben ihrer Informationsfülle ist es vor allem die große Häufigkeit kausaler Verknüpfungen, was diese Chroniksequenz von der üblichen chronikalischen Darstellung abhebt und auch das bemerkenswerte Kriegskunstverständnis ihres Chronisten zutage treten läßt. Absichten und Motive[144] der Handelnden werden so erläutert bzw. interpretiert, aber auch Umstände und Sachzwänge, denen sie unterworfen sind, wie beispielsweise die Wikinger in Chester,

> for se here of Wirheale in on NorðWealas forþæm hie ðær sittan ne mehton; þæt wæs forðy þe hie wæron benumene ægðer ge ceapes, ge þæs cornes (895),

oder die Beteiligten der Seeschlacht 896,

> þa com þæm Deniscan scipum þeh ær flod to, ær þa Cristnan mehten hira ut ascufan, 7 hie forðy ut oðreowan.

Dieser Chronist hat das Lob, das allenthalben seiner Kriegsberichterstattung gezollt wird,[145] in der Tat verdient, wenn auch festgehalten werden muß, daß seine Berichte oft an Klarheit wie auch an stilistischer Eleganz zu wünschen übrig lassen.

5.1.4 Bewertungen und Begründungen

Auf eine genaue Darlegung der in dieser Sequenz auftretenden Begründungen kann an dieser Stelle verzichtet werden, da sie im wesentlichen taktische Gegebenheiten oder Motive erklären und somit schon im vorhergehenden Kapitel berücksichtigt worden sind.

---

144 Auch ein außerhalb des Kriegführungskontextes stehender Beweggrund wird zum Ausdruck gebracht, der Alfreds großzügige und moralisch hochstehende Haltung gegenüber Hæsten illustriert: "Hæstenes wif 7 his suna twegen mon brohte to þæm cyninge, 7 he hi him eft ageaf, forþæm þe hiora wæs oþer his godsunu, oþer Æðeredes ealdormannes."

145 Vgl. stellvertretend Keynes, "Tale of Two Kings", p. 200: "[...] he displays a grasp of strategy and tactics which would not disgrace a modern military correspondent."

Bewertungen nimmt der Chronist hingegen nur selten vor, jedenfalls nicht in direkter Form. Hier ist einzig die - sorgfältig strukturierte - Bilanzierung der Jahre 893-95 im Eintrag 896 zu nennen, deren relativierendes Urteil nach den vorausgehenden Kriegsschilderungen sehr überraschend ist:

> Næfde se here, Godes þonces, Angelcyn ealles for swiðe gebrocod; Ac hie wæron micle swiðor gebrocede on þæm þrim gearum mid ceapes cwilde 7 monna, ealles swiðost mid þæm þæt manige þara selestena cynges þena þe þær on londe wæron forðferdon on þæm þrim gearum.

Der erste Satz, dem mit dem eingeschobenen Ausruf "Godes þonces" deutlich der Ton erleichterten Aufatmens anhaftet, erscheint vor dem Hintergrund der berichteten Ereignisse durchaus plausibel. Die Angelsachsen sind zwar arg gebeutelt worden, aber sie haben das Geschehen zu einem großen Teil kontrollieren und den Schaden begrenzen können, und sie wirken wahrlich nicht "gebrocod". Doch der folgende Teil der Aussage, dessen adversativer Inhalt schon von dem einleitenden "ac" deutlich signalisiert wird, ist ausgesprochen verblüffend. Weder von Seuchenplagen noch von der Häufung beklagenswerter Todesfälle ist in den Jahresberichten je die Rede gewesen, aber die die drei Teilaussagen verknüpfende Steigerung "swiðe" - "swiðor" - "swiðost" macht die Gewichtung der verschiedenen Bedrängnisse ganz klar: Der dreijährige Krieg gegen die Wikinger stand ganz unten auf der angelsächsischen Sorgenliste, und die eigentlichen Probleme lagen ganz woanders. Da dies sicherlich nicht für bare Münze zu nehmen ist, kann man hier nur vermuten, daß diese Gewichtung lediglich rhetorisches Beiwerk darstellt, und der eigentliche Zweck dieser Aussagen darin liegt, solche Ereignisse, die mit dem Wikingergeschehen nichts zu tun haben und somit in dem durchgestalteten Kriegsbericht nicht gut unterzubringen waren, nunmehr an dieser Stelle nachzutragen.

Die anderen Bewertungen, die der Chronist vornimmt, sind impliziter Art. Zum einen ist hier die Benfleet-Episode zu berücksichtigen, zum anderen die Darstellung König Alfreds und der angelsächsischen Streitkräfte im allgemeinen. Bei der Schilderung der Ereignisse von Benfleet wird des Chronisten strenge Mißbilligung von Hæstens Verhalten sehr deutlich. Dessen Bruch des Abkommens von Milton Royal, bei dem er, wie ausdrücklich vermerkt, für seine "gislas 7 aðas" von Alfred "wel feoh" erhalten hatte, wird als besonders perfide herausgestellt, indem der Chronist betont, daß Hæsten nicht nur seine Schwüre bricht, sondern auch das Patenschaftsverhältnis gröblich mißachtet: "swa hergode he on his [=Alfreds] rice þone ilcan ende þe Æþered his cumpæder healdan sceolde". Daß er zu dieser Plünderung in offenbar skrupelloser Eile aufbricht, "sona swa hie to Bleamflote comon", verstärkt noch den Eindruck seiner barbarischen Treulosigkeit. Ferner weist der Chronist zweimal darauf hin, daß Hæsten sich während der Eroberung seiner Festung wieder einmal "on hergaþ" befindet, und zwar wiederum im Territorium seines Gevatters Alfred, "on þæt rice".[146] Hæstens ehrloser Undank wird mit Alfreds nachsichtiger Großmut kontrastiert. Gleich zweimal heißt es, daß der König Hæstens Frau und Söhne wieder ihrem *pater familias* überstellt, und zwar mit einer erneuten Gabe von "feoh", wie die zweite Erwähnung preisgibt. Direkt anschließend folgt, eingeführt mit "ac", die Schilderung von Hæstens Missetaten. An der verurteilenden Haltung des Chronisten gegenüber Hæsten kann also kein Zweifel bestehen, und diese herauszustellen war für ihn offensichtlich wichtig genug, ihn zu einer Abkehr von seiner sonst üblichen chronologischen Darstellung der Ereignisse zu verleiten.[147]

Was nun die Darstellung König Alfreds und der angelsächsischen Streitkräfte im allgemeinen betrifft, so geht es hier im wesentlichen um die Frage, ob eine zielgerichtete Beschönigungsabsicht des Chronisten festzustellen ist, die über eine ganz natürliche Parteinahme hinausgeht. Die Berichte, in denen Alfred als Handelnder präsentiert wird, sind recht deutlich in ihrem Bemühen, ihn als Denker und Lenker der angelsächsischen Verteidigung zu zeigen, sowohl in der Organisation der Streitkräfte als auch in situationsspezifischen taktischen Maßnahmen. In der Benfleet-Episode wird er darüber hinaus auch als edelmütiger Landesvater herausgestellt. In einem großen Teil der Berichte spielt Alfred jedoch gar keine Rolle, und dort wird gelegentlich ein Verweis eingebaut, daß der König zur Zeit anderweitig engagiert, also durchaus noch in der Landesverteidigung aktiv sei. Dies sind sicherlich Kennzeichen einer gewissen Voreingenommenheit von seiten des Chronisten, die aber verständlich und keineswegs als westsächsische Propaganda aufzufassen ist. Schwieriger liegt der Fall bei der Frage nach den Auslassungen des Chronisten, wozu vor allem der Verbleib von Hæstens Armee zwischen Milton und Benfleet zu berücksichtigen ist. Das Abkommen zwischen Hæsten und Alfred, das ja im Grunde ein erkaufter Waffenstillstand ist, wird an seinem eigentlichen Platz in der Chronologie ausgelassen und erst später eingebracht, wobei

---

146 Diese Verweise sind sachlich überflüssig, denn seit 886 konnte außer den Danelaggebieten ganz England südlich des Humber als Alfreds Territorium gelten, und daß Hæsten auch im Danelag hätte plündern gehen sollen, ist doch eher unwahrscheinlich.

147 Ruth Waterhouse' These ("Haesten Episode", p. 137), die moralisch-didaktische Absicht des Chronisten habe darin gelegen, Hæstens Verlust seiner Festung als "a direct result of his breach of faith with Alfred" erscheinen zu lassen, also als Walten göttlicher Vorsehung, kann ich nicht zustimmen. Die Annahme, die verquere Art der Darstellung sei gezielt eingesetzt, um die moralische Botschaft möglichst gut zur Wirkung zu bringen, scheint mir angesichts der sonstigen sprachlichen Unbeholfenheiten des Chronisten doch unangemessen. Vgl. dazu auch Shippey, "Missing Army", p. 50 und *passim*.

die Tatsache der "feoh"-Zahlung sehr beiläufig in den spektakuläreren Kontext der Patenschaft eingebettet wird.[148] Shippeys Folgerung, daß dieser erkaufte Frieden von dem Chronisten, wenn auch nicht verschwiegen, so doch verschleiert wird, da solche Tributzahlungen, deren mehr als zweifelhafter Erfolg sich ja schon in der Vergangenheit bewiesen hatte, in der "official policy of Wessex" keinen Platz hatten, ist durchaus plausibel.[149]

Anders hingegen präsentieren sich die Chronikberichte bezüglich der Ereignisse, an denen König Alfred nicht beteiligt ist. Zunächst einmal fällt auf, daß mit Ausnahme der *ealdormen* in der Buttington-Episode keine Individuen in der angelsächsischen Führung genannt werden, sondern immer nur die unbestimmte Masse der *fyrd* oder der *burgware* agiert. Besonders bemerkenswert ist dies bei dem Sieg der Angelsachsen bei Farnham, die dort, wie Æthelweards *Chronicon* mitteilt,[150] von Alfreds Sohn Edward kommandiert wurden. Daraus kann man schließen, daß der Chronist in erster Linie daran interessiert ist, Alfreds Kriegskünste herauszustellen; ob er die anderen Befehlshaber bewußt unterschlagen hat, um das Licht Alfreds heller leuchten zu lassen, oder ob sie ihm einfach nur aus einer gewissen Gleichgültigkeit heraus aus dem Blickfeld geraten sind, ist schwer zu klären. Die namentliche Nennung der Sieger von Buttington spricht jedoch eher für letzteres. Was nun die weniger erfolgreichen Aktionen der *fyrd* angeht,[151] so lassen sich keine Beschönigungsversuche des Chronisten ausmachen.[152] Das Chaos der auf Grund gesetzten Schiffe in der Seeschlacht 896 wird freimütig als "uneðelice" charakterisiert, und wenn es der *fyrd* nicht gelingt, einen Zug der Wikinger zu stoppen, so wird das ebenfalls vermerkt (893 Chester und 894 der Rückzug aus Nordwales). In der Schilderung des größten angelsächsischen Debakels, der logistischen Panne bei der Belagerung von Thorney Island, mag man sogar in

---

148 Vgl. dagegen Keynes, "Tale of Two Kings", p. 200, der meint: "Yet the chronicler does not conceal the fact that at an early stage King Alfred had tried to purchase peace [...]". Keynes nimmt hier m.E. nicht zur Kenntnis, daß eine derart unauffällige Einbettung bei diesem Chronisten, der ansonsten gern der vermeintlichen Klarheit halber alles zweimal sagt, durchaus einem Verstecken nahekommt.

149 Shippey, "Missing Army", pp. 45f. Er weist darauf hin, daß der einzige explizit vermerkte Friedensschluß von Wessex 871 zu finden sei, wobei er ein weiteres Abkommen 876 übersieht, was jedoch der Schlüssigkeit seiner Argumentation keinen Abbruch tut.

150 Alistair Campbell, ed., tr., *The Chronicle of Aethelweard. Chronicon Aethelweardi*, London, 1962, p. 49.

151 Der Frage, wie geschickt oder versäumnisreich das Gebaren der Angelsachsen nun gewesen sein mag, soll hier nicht weiter nachgegangen werden. Vgl. hierzu Stenton, *Anglo-Saxon England*, pp. 266-269, und im Widerspruch zu ihm Griffiths, "Last War".

152 So auch Shippey, "Missing Army", p. 44, und Keynes, "Tale of Two Kings", p. 201.

der in ihrem Klang und ihrem Parallelismus an Dichtung erinnernden Formulierung einen gewissen Sinn des Chronisten für Situationskomik entdecken: "þa he þa wæs þiderweardes, 7 sio oþeru fierd wæs hamweardes, 7 þa Deniscan sæton þær behindan" (893). So bleibt festzuhalten, daß dem Chronisten zwar daran liegt, König Alfred möglichst vorteilhaft als großen Kriegführer herauszustellen, er aber keineswegs den Ablauf der Ereignisse generell zu beschönigen sucht.

5.1.5 Wortschatz

Im Lexikon dieser Sequenz haben die gewohnten Formeln der alfredischen Chronik nun fast völlig ausgedient. Einzig die Buttington-Episode 893 macht Gebrauch von *micel wæl slean* und *sige habban*, während *agan wælstowe gewald* überhaupt nicht mehr auftritt. *Geflieman*, *ofslean*, *besittan* und *ymbsittan* und in geringerem Maße auch *gefeohtan* sind hingegen immer noch häufig zu finden.

Lexikalische Neueinführungen sind hier vor allem Begriffe aus dem Kontext der alfredischen Verteidigungsstrategie, nämlich zum einen bezüglich des Befestigungssystems *burg* oder *byrig* und damit zusammenhängend *burgware*, zum anderen bezüglich der konzertierten Aktionen mehrerer Truppenteile die Bezeichnung *fultum* in ihrer militärischen Bedeutung von Verstärkung. Diese Bezeichnung wird hier (893 Benfleet) erstmalig eingesetzt und in den folgenden Einträgen der Chronik bis ins elfte Jahrhundert immer wieder aufgegriffen, davon nur zweimal in ihrem allgemeineren Wortsinn 'Hilfe'. Des weiteren offenbart sich die große Bedeutung, die Märsche und Wegverlegungsmanöver in den Schilderungen dieser Sequenz haben, auch im Lexikon mit der Einführung von *geræcan* und *gedon* im Sinne von 'erreichen' und besonders in dem in dieser Sequenz einmaligen Gebrauch von *forridan/forfaran foran* wie auch *forwyrcan*[153].

5.1.6 Syntax

Die Syntax dieser Chroniksequenz setzt die schon in der späteren alfredischen Kompilation auftretende Tendenz zu komplexeren Satzstrukturen in vermehrtem Maße fort. Auch hier

---

153 *Forwyrcan* taucht 900 noch einmal auf, aber dort als das Verbarrikadieren von Toren, was mit Alfreds Flußblockade nicht recht zu vergleichen ist.

gibt es noch zuweilen die simplen Hauptsatzreihungen, aber insgesamt werden die Einträge von hypotaktischen Satzgefügen dominiert, die eine im Vergleich zur alfredischen Chronik deutlich tiefere Staffelung der Gliederungsebenen vornehmen. Hier treten jetzt fast alle Arten von adverbialen Nebensätzen auf, am häufigsten Temporal-, Kausal- und Finalsätze, ferner auch die adversativen Konjunktionen *ac* (5x) und, seltener, *þeah* (3x). Die hier vorliegende Syntax dokumentiert also das gewandelte Verhältnis des Chronisten zu seinem Material, denn sobald Fakten in ein Bezugssystem gestellt werden, bezieht auch der Berichterstatter Stellung und gibt ein gefiltertes Bild auf der Grundlage seiner subjektiven Interpretation, besonders wenn es sich um kausale oder finale Relationen handelt. Das mit dem annalistischen Stil angestrebte Ziel der Objektivität wird in dieser Sequenz somit weitestgehend aufgegeben.[154]

5.1.7 Handlungsträger

Verglichen mit den Handlungsträgerbilanzen der verschiedenen Teile der alfredischen Kompilation bietet sich hier nun wiederum ein anderes Bild:

König als *pars pro toto*	5x
König mit Streitkräften	3x
Streitkräfte auf Weisung des Königs	1x
König als Anweisender	2x
Streitkräfte	9x
ealdormen mit Streitkräften	1x

Zunächst fällt hier auf, daß eine neue Erscheinungsform von Handlungsträgern hinzugetreten ist, nämlich die scheinbar völlig ungeführt handelnde und nicht näher bestimmte Masse der Streitkräfte, auf die an anderer Stelle schon eingegangen worden ist (vgl. 5.1.4). Die *ealdormen*, die schon in der späteren alfredischen Chronik nur noch sehr selten als Kriegführer auftreten, spielen hier nun praktisch überhaupt keine Rolle mehr. Dafür erscheint der König, der bisher hauptsächlich zusammen mit seinen Streitkräften gezeigt worden ist, nun verstärkt als allein Handelnder.[155]

---

154 Clark, "Narrative Mode", pp. 223f., verfolgt einen ähnlichen Gedankengang, kommt aber dann dennoch zu dem Schluß, daß hier insgesamt doch annalistische Objektivität die "chief virtue" der Darstellung verbleibe.

155 Wird er hier doch mit ihnen gezeigt, so heißt es nicht unbestimmt *fierd* oder *sio fierd*, sondern "his fierd" (893 2x).

Das hier entstehende Bild der angelsächsischen Handlungsträger kann keinesfalls der Realität entsprochen haben, sondern stellt eine Verzerrung dar, und genau hier liegt der entscheidende Unterschied zur alfredischen Kompilation: In der dortigen Präsentation der Handelnden spiegelten sich noch die tatsächlichen Gegebenheiten des Kriegsgeschehens insofern, als sich aus ihr der Übergang der Verteidigungsverantwortung von den einzelnen Grafschaftskontingenten auf einen großen Verbund unter dem Kommando des Königs ablesen ließ. In dieser Chroniksequenz indessen wird das Erscheinungsbild der Handlungsträger nun offenbar allein von den Darstellungsinteressen des Chronisten bestimmt. Eine Entwicklung in diese Richtung zeichnete sich schon in der späteren alfredischen Chronik ab, indem die Aktionen des Königs mit Streitkräften nichtsdestoweniger anhand von Verben in der Singularform geschildert wurden. Nun aber wird in dieser Hinsicht auch auf den Anschein von Realitätstreue verzichtet, um Alfreds Rolle in das gewünschte Licht zu rücken. Zudem liegen noch drei Schilderungen vor (alle 896), in denen er zwar nicht als Handelnder, aber als Initiator der Handlung erscheint, der die Ideen hat und ihre Ausführung befiehlt, "þa het se cyng ...", wobei die tatsächliche Ausführung durch die Streitkräfte nur in einem Falle (Blockade der Flußmündung) anschließend auch geschildert wird.

5.1.8 Perspektive

Der Detailliertheit der Schilderungen in dieser Sequenz wegen ist eine Untersuchung der Darstellungsperspektive hier nicht nennenswert ergiebig, denn die Kleinschrittigkeit der Handlung bringt zwangsläufig mit sich, daß beide Parteien abwechselnd und ausführlich im Fokus des Chronisten stehen, ohne daß Rückschlüsse auf seine Empathie gezogen werden könnten. Gleichfalls durch die Ausführlichkeit der Berichte ist bedingt, daß die Darstellungen getreulich mit einer Erwähnung des handlungsauslösenden Elements eingeführt werden, das hier immer in einer Aktion der Wikinger besteht, so daß die Angelsachsen stets als Reagierende erscheinen. Dies entwirft ein sicherlich realitätsgemäßes Bild der Ereignisse ohne die Verzerrungen, die ein - empathiesteuerndes - Weglassen des Handlungsauslösers hervorrufen würde, wie es in der Æthelwulfchronik noch häufiger der Fall war.

Doch darüber hinaus vermögen zwei eher kurze, im annalistischen Reihungsstil gehaltenen Berichte aufzuzeigen, daß die bislang beobachteten Prinzipien der Chronistenempathie auch in dieser Sequenz doch zumindest ansatzweise zum Tragen kommen. Das erste Beispiel behandelt die erfolgreiche Verteidigung von Chichester 894:

þa se here eft hamweard wende. þe Exanceaster beseten hæfde, þa hergodon hie upon SuðSeaxum neah Cisseceastre, 7 þa burgware hie gefliemdon, 7 hira monig hund ofslogon, 7 hira scipu sumu genamon.

Da hier ein Kampf lediglich impliziert, aber nur sein Ausgang tatsächlich geschildert wird, geraten die Angelsachsen erst dementsprechend spät in den Blick der Schilderung. Inhaltlich hätte es sich auch angeboten, die Wikinger als Subjekt weiterzuführen und die letzten drei Sätze passivisch zu konstruieren, vor allem die letzten beiden lüden dazu ein. Aber der Chronist behält das Genus verbi bei und wechselt das Subjekt, seine Empathie gilt also, nicht überraschend, den angelsächsischen Siegern. Das zweite Beispiel jedoch zeigt die Angelsachsen als Verlierer bei ihrem Angriff auf das Wikingerfort am Lea:

[...] foron micel dæl þara burgwara, and eac swa oþres folces, þæt hie gedydon æt þara Deniscana geweorce, 7 þær wurdon gefliemde, 7 sume feower cyninges þegnas ofslægene.

Hier wechselt der Chronist das Genus verbi, um sein Subjekt beibehalten zu können, und die tatsächlichen Handlungsträger, die Wikinger, finden noch nicht einmal als *from*-Agens Eingang in den Satz. Im Gegensatz zu dem ersten Fall, der wunschgemäß verläuft, wird im zweiten die unterlegene Position der Angelsachsen durch die Empathie der Darstellung abgeschwächt. Wenn die Art der Schilderung es zuläßt, macht also auch der Chronist dieser Sequenz von den Mitteln der Empathiesteuerung Gebrauch.

*

Diese Sequenz präsentiert also inhaltlich und stilistisch ein ganz anderes Konzept der Berichterstattung, das auf interpretierende Darstellung und Einordnung der Ereignisse abhebt. Handlung und Beschreibung geraten so gleichermaßen komplex, was allerdings auch gelegentlich Unklarheiten und stilistische Unbeholfenheiten mit sich bringt. Das Kriegskunstverständnis des Chronisten ist ausgesprochen hoch entwickelt und befähigt ihn, sowohl taktische als auch strategische Gegebenheiten ausführlich darzustellen. Demgemäß finden in dieser Sequenz erstmals auch Planungsvorgänge Eingang in die Schilderungen. Sein Bericht wird deutlich von seinen Darstellungsinteressen geprägt, die darauf abzielen, König Alfred als umsichtigen und einfallsreichen Kriegführer zu präsentieren.

5.2 Die zweite Fortsetzung: die Feldzüge Edwards 900-917

5.2.1 Informationsgehalt

Die in dieser Chroniksequenz vorliegende Kriegsberichterstattung ist schon insofern anders als die der ersten Fortsetzung, als hier nicht ein zusammenhängender Feldzug geschildert wird, sondern eine lose Folge von einzelnen Kriegsereignissen. Es wird berichtet, wie König Edward die Aktionen der ansässigen dänischen Heere, vor allem des nordhumbrischen, einzuschränken sucht und zugleich den Ausbau des Burgensystems vorantreibt. Neben den Kriegsberichten tauchen auch wieder Meldungen nicht-kriegerischer Art über Todesfälle oder Machtwechsel auf. Die Anlage dieser Sequenz ist also im Gegensatz zu der vorausgehenden wieder deutlich annalistischer, und die Schilderungen sind demgemäß mehr auf Faktenreihungen beschränkt und nicht so detailüberladen. Die Darstellungen sind bemerkenswert klar und präzise, da handelnde Personen, Orte und zeitliche Bezüge, mit einer Ausnahme 917 (vgl. 5.2.4), jederzeit deutlich gemacht werden.

Die Schilderungen der Handlungsabläufe lassen an Vollständigkeit ebenfalls nichts zu wünschen übrig. Nur ein Bericht (916) liefert lediglich die Basisinformationen über eine Kriegshandlung - das Stattfinden eines Gefechts und sein Ausgang - aber fügt noch das seltene Element der Kenntnisnahme hinzu: "þa wurdon þa landleode his ware". Die anderen Berichte vermitteln ausnahmslos noch zusätzliche Informationen. Sämtliche Schilderungen halten, wie auch schon die der ersten Fortsetzung, konsequent das die Handlung auslösende Element in den Fällen fest, in denen nicht die Angelsachsen Initiator des Geschehens sind. Für den Bereich der Vorbereitung einer Kampfhandlung ist hingegen eine Veränderung zu verbuchen: Die Darstellung der Truppeneinberufung scheint hier nunmehr als als entbehrlich, weil selbstverständlich, aufgefaßt zu werden, sofern sie nicht noch einen darüber hinausgehenden Mitteilungswert hat. So heißt es 904 "þa for Eadweard cyning æfter, swa he raðost mehte his fird gegadrian", und 910 "se cyng hæfde gegadrod sum hund scipa. 7 wæs þa on Cent, 7 þa scipu foran [...] togeanes him". Im ersten Fall geht es um den von der Schnelligkeit der Einberufung abhängigen Zeitpunkt der Verfolgung, im zweiten um den Bezug zwischen dem in Kent weilenden König und der die Südküste entlangfahrenden Flotte. In den übrigen Berichten taucht die Truppeneinberufung gar nicht mehr auf, sondern wird sehr schwach impliziert in "sende his fird" (909, 910), "rad mid firde" (900) oder "men of Hereforda 7 of Gleaweceastre" (917). Dies wurde möglicherweise als völlig ausreichend betrachtet. Für den Bereich der Kriegführung im engeren Sinne zeigt sich ebenfalls eine Veränderung, und zwar hinsichtlich der Darstellung von Truppenbewegungen in den

Kampfschilderungen: Märsche werden nur noch ausdrücklich vermerkt, wenn es sich um tatsächliche Verfolgungs- oder Abfangmanöver handelt (900, 904, 910). Ansonsten werden sie auch durch "sende his fierd" lediglich angedeutet. Diese augenscheinlichen Differenzierungen könnten auf einen bemerkenswerten Fortschritt im Kriegskunstverständnis des Chronisten verweisen, der nicht nur in den Darstellungen seine Umsetzung erfährt, sondern damit auch eine Veränderung der Darstellungsprinzipien hin zu stilbewußterer Selektion der zu erwähnenden Fakten bewirkt. Des geringen Umfangs dieser Sequenz wegen ist die Zahl der aussagekräftigen Beispiele jedoch so klein, daß solche Schlußfolgerungen immer nur tentativ sein können. Planerische Aspekte der Kriegführung kommen hier gleichfalls zum Ausdruck, zum einen implizit in der Darstellung von Absichten der Handelnden, so 904:

> þa he [Edward] ða eft þonan utfaran wolde, þa ahet he beodan ofer ealle þa
> fird þæt hie foron ealle ut æt somne. þa ætsæton ða Centiscan þær beæftan
> ofer his bebod, 7 seofon ærendracan he him hæfde to asend.

Dieser Bericht ist über die direkte Präsentation einer Absicht durch *wyllan* hinaus noch besonders bemerkenswert, als hier mit "het beodan" und "ærendraca" erstmalig die Existenz eines militärischen Meldewesens thematisiert wird,[156] das gewiß auch für die alfredischen Manöver unerläßlich war, aber bislang keinen Eingang in die Chronikschilderungen gefunden hat. Auch Absichten der Wikinger (917 und 910, hier in der Form einer Schluß-folgerung)[157] werden vermerkt. Zum anderen wird Planung angedeutet in den Darstellungen zukunftsbezogenen Handelns, eher schwach in der Meldung über das Treffen zwischen Edward und seiner Flotte in Kent 910, aber sehr deutlich in dem Bericht über die vorbeu-gend arrangierte Küstenwache 917. Des weiteren setzen in dieser Sequenz die Schilderun-gen der systematischen Festungsbauaktivitäten ein (912 drei Forts; 917 eins), die im weite-ren Verlauf der Chronik fortgesetzt werden und eine neue Dimension in der Darstellung von Kriegskunst eröffnen. Hier wird die strategische Bedeutung solcher Maßnahmen für das Gesamtgeschehen erkannt und auch ihre Schilderung in die Berichte mit einbezogen, wo-hingegen die bisherigen Chronisten diese nicht direkt mit einem Kriegsereignis verknüpften Aktionen nicht darstellten, sondern nur die Errichtung von Befestigungen im Rahmen tat-sächlicher Kriegshandlungen vermerkten.

---

156 Vgl. auch 900, "sæde þæt he wolde oðer oþþe þær libban oþþe þær licgan", wo - wenn auch nicht in einem konkreten taktischen Kontext - ebenfalls nicht nur die Absicht selbst, sondern auch der kommunika-
tive Akt ihrer Äußerung dargestellt wird.

157 917 "wolde faran þa giet on hergað wið Ircingafeldes", und 910 "þa wende se here þæt his fultumes se
mæsta dæl wære on þæm scipum, 7 þæt hie mehten faran unbefohtene þær þær hie wolden". Die weitere
Handlung entlarvt diese Folgerung als Trugschluß.

5.2.2 Aufbau und Struktur

Diese Sequenz kehrt in ihrem Aufbau im wesentlichen zu einer einsträngigen Handlungsdarstellung zurück, die die Fakten häufig schlicht aneinanderreiht, ohne sie in ein interpretierendes Bezugssystem außer dem der Chronologie zu stellen. Dementsprechend sind die Verknüpfungen, die hergestellt werden, zumeist temporaler oder konsekutiver Art. Die chronologische Einordnung erfolgt indessen ausgesprochen genau, indem die Vorzeitigkeit von einzelnen Handlungselementen in jedem Falle sorgfältig markiert wird, auch wenn dies für das Verständnis der Abläufe nicht zwingend notwendig ist: "þa rad se cyning mid firde þæt he gewicode æt Baddanbyrig wiþ Winburnan, 7 Æðelwald sæt binnan þæm ham [...] 7 hæfde ealle þa geatu forworht into him" (900). Hier, wie auch in dem schon zitierten Bericht von dem mißachteten Rückzugsbefehl 904, "seofon ærendracan he him hæfde to asend", ist der Zeitsprung des Rückbezugs sehr gering, und eine durchgängige Darstellung im einfachen Präteritum hätte die Eindeutigkeit der Vorgänge nicht beeinträchtigt. Zwei weitere Markierungen von Vorzeitigkeit sind demgegenüber tatsächlich für die Darstellung des Handlungsablaufs von Bedeutung und werden optimal plaziert. Hier ist zunächst der eingeschobene Vermerk über die Positionierung der Küstenwache, "se cyng hæfde funden þæt ...", in der Schilderung 917 zu nennen, der zwischen das Versprechen der Wikinger, das Land zu verlassen, und ihren heimlichen Landungsversuch geschaltet ist, so daß von Anfang an klar ist, warum die diese Landung verhindernden Streitkräfte vor Ort sind. Des weiteren ist der Vorzeitigkeitsvermerk 910, "se cyng hæfde gegadrod sum hund scipa", darstellungstechnisch wichtig, da er so erstens den Bezug zwischen König und Flotte deutlicher macht (vgl. 5.2.1) und zweitens das zeitliche Verhältnis zwischen den beiden Handlungssträngen - Wikinger in Mercia und Schiffe unterwegs zum König in Kent - erklärt. Dieser Eintrag ist der einzige in dieser Sequenz, der zwei Handlungsstränge miteinander verknüpft, und er tut es auf bemerkenswert elegante Weise, indem die den Wikingern unterstellte Annahme ("þa wende se here þæt his fultumes se mæsta dæl wære on þæm scipum") die Verbindung zwischen beiden herstellt.

Die Sorgfalt des Chronisten bei seiner Markierung von zeitlichen Strukturen wird ergänzt durch sein Bemühen, Handlungsträger und Handlungsorte jederzeit klar zu identifizieren. Die Sequenz ist ausgesprochen reich an erläuternden Einschüben und spezifizierenden Bestimmungen,[158] und die Ortsangaben sind nicht nur stets vorhanden, sondern oft

---

158 Sie sind zu zahlreich, um hier im einzelnen aufgeführt zu werden. Als Beispiel für ihre Häufigkeit mag der Eintrag 900 stellvertretend genügen: "Eadweard his sunu", "Æðelwald his fædran sunu", "þæm

auch sehr präzise, wie beispielsweise 912: "[...] het Eadweard cyning atimbran þa norðran burg æt Heorotforda betweox Memeran 7 Beneficcan 7 Lygean". Präzision der Darstellung zeigt sich weiterhin in qualifizierenden Ausdrücken wie "ægðer ge of WestSeaxum ge of Mercum" (909), "his fultumes se mæsta dæl" (910), "god dæl folces", "sum his fultum" (911), "wæpna micelne dæl" (916), "ieldstan men ealle mæste" (917), die gleichfalls sehr häufig sind. Zudem tritt die altenglischen Texten generell doch so häufig eignende Referenzambiguität der Pronomina hier nicht ein einziges Mal auf.

Die Strukturierung der Berichte folgt dem eingeführten Schema, die Einträge mit *her*, gelegentlich ergänzt durch *on þys geare*, einzuleiten und Binnenabgrenzungen mit *þy ilcan geare* zu markieren. Spezifischere Zeitadverbiale wie *ofer eastron, þæs on sumera, on hærfest* werden weiterhin eingesetzt, gelegentlich noch genauer ergänzt durch "betweox gang dagum 7 middum sumera" (912) oder "ymb/to Martinesmæssan" (912, 917). Insgesamt tauchen solche Spezifizierungen seltener als zuvor auf, da die Einträge oft nur jeweils ein Ereignis festhalten.

5.2.3 Taktik und Strategie

Die große strategische Leistung Edwards, die von den Chronikschilderungen dieser Sequenz - stärker dann noch in der nachfolgenden - thematisiert wird, ist sein Befestigungskonzept, das von Alfred initiiert, aber von dessen Chronisten noch nicht darstellerisch eingebracht worden war. In dieser Sequenz nun wird die Errichtung von vier *burhs* festgehalten, Hertford (Nord), Witham und Hertford (Süd) 912 sowie Buckingham 917, die also allesamt auf Danelaggebiet liegen. Bemerkenswert ist an diesen Berichten, daß der Chronist nicht nur die strategische Bedeutung dieser Maßnahmen erkennt, sondern daß er auch ihre strategische Positionierung an Wasserläufen für darstellungswürdig erachtet. Andernfalls wäre es schwer erklärlich, warum er den Standort der Befestigung Hertford (Nord) so genau angeben sollte, "betweox Memeran 7 Beneficcan 7 Lygean". Auch für Hertford (Süd) wird die Positionierung am Fluß vermerkt, "on suþ healfe Lygean", und nicht nur der Standort, sondern auch die 'Sandwich'-Bauweise in Buckingham wird ebenfalls registriert: "geworhte þa burga buta on ægþere healfe eas".[159] Die beiden Befestigungen in Hertford

---

monnum þe him to gebugen", "þone here on Norðhymbrum", "wif þæt he hæfde ær genumen", "forðferde Æþered. wæs on Defnum ealdormon".

159 Genauso war Alfred 895 bei der Blockade des Lea verfahren. Jener und auch dieser Chronist sprechen jedoch nur von den Festungen, ohne die Brücke zu erwähnen, durch die sie doch höchstwahrscheinlich ver-

werden auf Edwards Befehl hin von Abteilungen seiner Streitkräfte gebaut, aber in Witham und in Buckingham ist er selbst mit einer Armee während der Bauarbeiten anwesend, "wicode þær þa while þe man þa burg worhte" bzw. "sæt þær feower wucan". Seine Präsenz hier impliziert nicht nur Schutz für den Befestigungsbau, sondern wird auch in einer weitergehenden Funktion gezeigt, nämlich der - erfolgreichen - Demonstration von Stärke, denn der Chronist meldet in beiden Fällen direkt anschließend, daß die Bevölkerung der Gegend sich Edward unterwirft. 912 ist es "god dæl þæs folces [...], þe ær under Deniscra manna anwalde wæron", wobei man annehmen muß, daß es sich hier nicht um dänische Krieger, sondern um angelsächsische Danelagbewohner handelte, aber 917 sind es definitiv die Dänen, die sich ergeben, und sie werden ausführlich benannt:

> þurcytel eorl hine gesohte him to hlaforde, 7 þa holdes ealle, 7 þa ieldstan men ealle mæste ðe to Bedanforda hierdon, 7 eac monige þara þe to Hamtune hierdon.

Es ist offensichtlich, daß der Chronist hier den Zusammenhang zwischen Edwards Sicherung der Gegend durch Festung und Truppenpräsenz auf der einen und der Unterwerfung der Gegner auf der anderen Seite herausstellen möchte, was voraussetzt, daß ihm diese strategischen Implikationen bewußt sind. Zu Edwards Konzept gehört ferner die Einschüchterung der ansässigen Dänenheere durch *hergian*-Expeditionen im Danelag. 904 berichtet die Chronik von einer solchen Expedition gegen das ostanglische Heer, offensichtlich eine Strafmaßnahme für dessen vorausgegangenen Plünderzug in Mercia und vielleicht auch seine Unterstützung des aufsässigen Æthelwold. 909 trifft es ohne Angabe von Gründen - 905 war noch ein Friedensschluß vermerkt worden - die Dänen von Northumbria.

Taktische Manöver werden ersichtlich in der schon erwähnten Küstenwache 917 in der Auseinandersetzung mit dem *sciphere* aus der Bretagne, die ausdrücklich als geplante Abwehrmaßnahme und als Idee des Königs dargestellt wird:

> se cyng hæfde funden þæt him mon sæt wiþ on suþhealfe Sæfern muþan, westan from Wealum, east oþ Afenemuþan, þæt hie ne dorston þæt land nawer gesecan on þa healfe.

Anschließend werden ausführlich der Erfolg und die Konsequenzen dieser Maßnahme geschildert. Ein weiteres Manöver kommt im selben Eintrag zum Ausdruck, wenn es heißt,

---

bunden waren. Vgl. Brooks, "Development", p. 72. Der Bau einer solchen Brücke wird, von Brooks übersehen, explizit in A 923 vermerkt.

"bedrifon hie on anne pearruc". Dieses Manöver und auch seine Formulierung sind an Präzision wie auch an taktischer Einsicht dem bisher üblichen *forfaran foran* noch überlegen.

Edwards strategisches Konzept, über seine Befestigungen die Kontrolle über gegnerisches Territorium zu gewinnen und zugleich die Bewegungen der dänischen Heere so weit wie möglich einzuschränken - der Umschwung von angelsächsischer Defensive zur Offensive - wird in den Darstellungen dieser Chroniksequenz durchaus deutlich. Das Kriegskunstverständnis des Chronisten ist beachtlich und die Klarheit und Präzision seiner Schilderungen denen seines Vorgängers sichtlich überlegen.

5.2.4 Bewertungen und Begründungen

Begründungen sind in dieser Chroniksequenz höchst selten, da der Chronist weitestgehend auf kausale Verknüpfungen verzichtet. Die einzigen beiden Beispiele, die hier vorliegen, erläutern Umstände, die für das Kriegsgeschehen keine Bedeutung haben: Æthelwolds Verführung einer Frau war unzulässig, "forðon ðe heo wæs ær to nunnan gehalgod" (900), und die Überlebenden des *sciphere* von 917, die sich auf eine Insel gerettet haben, litten Hunger, "forþon hie ne meahton nanne mete geræcan".

Bewertungen hingegen werden durchaus vorgenommen, besonders deutlich in den Schilderungen von Edwards Konflikt mit seinem Vetter Æthelwold, wie vor allem ein Vergleich der Chronikversionen A und BCD, die hier übereinstimmen, zutage fördert. In BCD nimmt Æthelwold 900 die Güter Wimborne und Christchurch nur "þæs cynges unþances" in Besitz, in A dagegen heißt es "butan ðes cyninges leafe", was eine abhängigere und untergeordnetere Stellung Æthelwolds gegenüber Edward beinhaltet. Weiterhin heißt es über Æthelwolds Flucht zu der dänischen Armee von Northumbria in der BCD-Version: "þa rad se æþeling on niht aweg; 7 gesohte þone here on Norðhymbrum, 7 hie hine underfengon him to cyninge, 7 him to bugon." In der Parkerchronik hingegen ist er kein Prinz, sondern nur "he", und er reitet nicht nur nächtens von dannen, sondern stiehlt sich davon - und *bestelan* galt bislang nur den vertragsbrüchigen Wikingern. Außerdem wird hier Æthelwolds Anerkennung als König ganz ausgelassen und stattdessen die - vergebliche - Verfolgung durch Edward berichtet. 903 kommt Æthelwold mit einer dänischen Armee nach Essex, in BCD "mid eallum þam flotan þe he begitan mihte, 7 him to gebogen wæs"; in A werden seine Position und sein Einfluß - stilistisch in der nunmehrigen Redundanz äußerst unbeholfen - heruntergespielt zu "mid þæm flotan þe he mid wæs". 904 schließlich

plündert das ostsächsische Dänenheer Mercia, in BCD erscheint es als von Æthelwold angeführt ("gelædde"), in A hingegen als verführt ("aspon"), und anläßlich seines Todes in der
Schlacht greift die BCD-Version nochmals seine Position auf, "þe hi him to cyninge ge-
curum", während die Parkerchronik ihn nochmals als Unfriedensstifter zeigt, "þe hine to
þæm unfriðe gespon".

Es hat sich also gezeigt, daß der königstreue Chronist der A-Version eindeutig bemüht
ist, Edwards Widersacher als charakterloses schwarzes Schaf zu zeichnen, und seine Vorlage zu diesem Zweck ganz gezielt überarbeitet.[160] Diese auffällige Abwertung des Chronisten ist hier auch deshalb wichtig, weil die einzige angelsächsische Niederlage im Berichtszeitraum (904) auf das Konto des Æthelwoldschen Dänenheers ging, was auf royalistischer
Seite sicherlich einige Bitterkeit hervorgerufen hat. Bei der Schilderung dieser Niederlage
scheint der Chronist auch auf die Feststellung Wert zu legen, daß allein das ungehorsame
Verhalten der kentischen Truppen - und nicht etwa ein Versagen Edwards - für den schmäh-
lichen Ausgang verantwortlich ist. Ob es nur das zurückgebliebene kentische Kontingent
oder die ganze angelsächsische Armee ist, die in dieser Schlacht kämpft, ist nicht genau
auszumachen. Es sind gewiß die kentischen Truppen, die zunächst von den Dänen überrascht werden, aber daß Edward sie in der Folge einfach ihrem Schicksal überlassen hätte,
ist schwer vorstellbar. Jedenfalls ist es angesichts des Schlachtausgangs bezeichnend, daß
der Chronist diese Frage offenläßt. Gleichfalls als der Lage nicht recht gewachsen erscheinen die Waliser 917, wenn es heißt, die Wikinger hätten in Nordwales nach Herzenslust
plündern können, "æghwær þe þam sæ, þær hie þonne onhagode", wohingegen sie bei ihrem Übertritt auf angelsächsisches Gebiet sofort vernichtend geschlagen werden. Des weiteren bewertet der Chronist 905 den Friedensschluß von Tiddingford mit dem Vermerk, er sei
beschlossen worden, "swa swa Eadweard cyng gerædde" (so auch BCD), was den König als
denjenigen erscheinen läßt, der die Bedingungen diktieren kann. Die Version E hingegen,
die in dieser Zeit vom *mainstream* der Chronik abgekoppelt ist, behauptet, Edward habe
"for neode" Frieden schließen müssen, was ihn weit weniger souverän darstellt. Schließlich
liegt auch noch eine recht ausdrucksvolle Bewertung in der Form von Auslassungen vor:
Edwards Schwester Æthelflæd, Gattin und ab 911 Witwe von Mercias *ealdorman* Æthelred,
die nach dessen Tod dort "mid riht hlaforddome" (BC 918) regiert und maßgeblich am Aus-

---

160 Vgl. Hart, "B-Text", p. 253: "[...] with the objective of eliminating any suggestion that the Ætheling
    Æthelwold might have received legitimate recognition in his bid for the English crown". Dazu auch
    Shippey, "Missing Army", p. 47.

bau des Befestigungssystems und an der Eroberung des Danelag beteiligt war, wird hier überhaupt nicht erwähnt.[161]

Hier zeigt sich, daß dieser Chronist in der Präsentation seines Materials ähnlichen Kriterien folgt wie sein alfredischer Vorgänger: Das Licht des Königs soll möglichst hell erstrahlen, und somit werden andere Handlungsträger eher im Dunkel gelassen und gelegentlich die Tatsachen ein wenig schöngefärbt.

5.2.5 Wortschatz

In dieser Sequenz treten die traditionellen Formeln *micel wæl slean* und *agan wælstowe gewald* noch ein einziges Mal auf, und zwar im Eintrag 904, bezeichnenderweise also dem Bericht der einzigen angelsächsischen Niederlage, in dem dem *micel wæl* noch eine Bemerkung über die großen dänischen Verluste folgt und erst dann mit konzessivem *þeah* das *agan wælstowe gewald* angeschlossen wird. Auch *bestelan* ist noch gelegentlich präsent (900, 917), ebenso *gefeohtan, geflieman* und *offaran hindan*. Letzteres wird auch einmal durch *befaran* (904) variiert und, präziser, durch *bedrifan* (917) mit einem anderen taktischen Kontext versehen. Ferner wird, ebenfalls einmal, 'in die Flucht schlagen' mit *on fullum fleame brengan* (916) formuliert. Zu *hergian* und *on hergað* gesellt sich nun noch *oferhergian* (904). Anders als in der vorhergehenden Sequenz wird *fultum* hier nicht im Sinne von Verstärkung, also für zusätzliche Truppen gebraucht, sondern bezeichnet die Streitkräfte im allgemeinen. Für die Kampfdarstellungen läßt sich somit eine gewisse Neigung zu breiterer Variation, aber keine bemerkenswerte Umstellung des Wortschatzes ausmachen. Die in dieser Sequenz dargestellte Strategie des Befestigungssystems schlägt sich natürlich auch im Lexikon mit Neueinführungen nieder. Neben das alte, eher unspezifische *wyrcan*, das auch jetzt noch gebraucht wird, tritt nun das konkret eine (Holz-)Bautätigkeit bezeichnende *atimbran* bzw. *getimbran*.

---

161 Zur Einschätzung von Æthelflæds Rolle vgl. Wainwright, "Æthelflæd".

5.2.6 Syntax

Die Syntax ist in dieser Sequenz wieder verstärkt parataktisch. Wenn hypotaktische Strukturen auftreten, so sind die Verknüpfungen, die hergestellt werden, zumeist temporaler oder konsekutiver Art. Darüber hinaus liegen Relativ- und, etwas weniger häufig, Objektsätze vor, selten kausale (900, 917), konzessive (904), lokale (917) und finale (917) Adverbialsätze. Mit dieser Betonung der chronologischen Bezüge und dem weitestgehenden Verzicht auf interpretierende Verknüpfungen scheint die Chronik in dieser Sequenz somit - im Gegensatz zu der vorhergehenden - in den Rahmen chronikalischer Berichterstattung zurückzukehren und sich wieder größerer Objektivität zu befleißigen. Dieser Schein trügt jedoch, denn wie in 5.2.4 gezeigt (und auch in 5.2.7 noch zu zeigen), ist diese Sequenz reich an tendenziöser Faktenpräsentation und Bewertung. Im Gegensatz zu der vorhergehenden Sequenz, deren andersartige und 'historisch' interpretierende Anlage auf den ersten Blick einen Objektivitätsverlust signalisiert, kommt die Subjektivität in dieser Sequenz auf subtilere Weise daher, indem sie in einen Objektivität verheißenden Rahmen gestellt wird.

5.2.7 Handlungsträger

Die Bilanz der Handlungsträger in dieser Sequenz präsentiert sich folgendermaßen:

König als *pars pro toto*	2x
König mit Streitkräften	3x
Streitkräfte auf Weisung des Königs	3x
König als Anweisender	3x
Streitkräfte	4x

Zunächst einmal fällt hier auf, daß die *ealdormen*, die schon in der vorhergehenden Sequenz nur noch einmal als Handlungsträger erschienen, nun gänzlich von der Bühne des Kriegsgeschehens abgetreten sind. König Edward handelt hingegen seltener allein und öfter zusammen mit seinen Streitkräften als Alfred vorher, aber dafür ist er geradezu omnipräsent. Zu den Fällen, in denen die Streitkräfte ohne seine Führung agieren, muß man anmerken, daß es sich hier nur zweimal um eine wirklich unabhängige Aktion handelt. Zum einen sind es die beiden Grafschaftskontingente, die die Wikinger 917 besiegen, und zum anderen die unspezifizierten "landleode" - wohl nicht die Zivilbevölkerung, sondern eine kleine lokale Streitmacht -, die 916 eine Dänentruppe am Lea in die Flucht schlagen. In den anderen beiden Fällen handelt es sich um die angelsächsische Armee, die 904 geschlagen wird, wobei es, wie schon erwähnt, nicht ganz klar wird, ob Edward nun dabei ist oder nicht, und um eine Festungsbauabteilung, bei der aber der Bezug zu Edward ("sum his fultum", 912) klar herausgestellt wird.

Darüber hinaus ist bemerkenswert, wie stark Edward hier in der Rolle des Befehlenden mittels *het* oder *sende* ins Bild gesetzt wird. War Alfred zuvor noch über weite Strekken der Handlung völlig abwesend, so daß der Chronist sich bemüßigt fühlte, hin und wieder auf sein Engagement andernorts hinzuweisen, hat Edward in dieser Darstellung entweder als Handelnder oder als lenkende Kraft am Geschehen teil. Er wird nicht so sehr wie Alfred als der Genius mit den spektakulären Ideen präsentiert, aber in größerem Maße als dieser als Lenker, der stets alle Fäden fest in der Hand hält.

5.2.8 Perspektive

In dieser Sequenz dominieren die Angelsachsen deutlich die Perspektive des Chronisten. Neben den beiden Festungsbaueinträgen (912 und letzter Teil 917), die ihrer Thematik entsprechend die Angelsachsen vom Beginn der Handlung an als Agierende zeichnen - und nur in den beiden Unterwerfungsvermerken davon abweichen -, behält auch der *hergian*-Eintrag 909 sie allein im Fokus der Darstellung. In den anderen vier Kampfdarstellungen wechselt die Perspektive nach Schilderung der feindlichen Eingangshandlung sofort auf die Angelsachsen über, und in dem kürzesten dieser Berichte (916) verbleibt sie auch so. In den umfangreicheren Darstellungen 910 und 917, die beide für die Angelsachsen siegreich enden, wechselt sie auch mehrfach den Umständen entsprechend zwischen den Parteien. Festzuhalten ist hier jedoch, daß die Kampfschilderungen im engeren Sinne, also den Verlauf des Gefechts und seinen Ausgang betreffend, in beiden Fällen allein der Perspektive der Angelsachsen folgen:

> hie offoron ðone here hindan, þa he hamweard wæs, 7 him þa wiþ gefuhton, 7 þonne here gefliemdon, 7 his fela þusenda ofslogon, 7 þær wæs Ecwils cyng ofslægen (910),

und

> þa gemetton þa men hie of Hereforda 7 of Gleaweceastre. 7 of þam niehstum burgum, 7 him wið gefuhton, 7 hie gefliemdon; 7 ofslogon þone eorl Hroald 7 þæs oþres eorles broþor Ohteres, 7 micel þæs heres 7 bedrifon hie on anne pearruc, 7 besæton hie þær utan. (917)

Mit Ausnahme der letzten Aussage in 910, die aber als Nachsatz am Ende des Eintrags[162] - möglicherweise als später hinzugefügter 'afterthought' - vernachlässigenswert ist, haben die Sätze hier ausschließlich die Angelsachsen zum agierenden Subjekt, was sie als die überlegene Partei darstellt, die nicht nur faktisch, sondern auch grammatikalisch die geschilderte Handlung dominiert. In der Darstellung der einzigen angelsächsischen Niederlage indessen bewirkt die Empathie des Chronisten, die sich hier als eine Verweigerung der Parteinahme präsentiert, eine Relativierung der dänischen Überlegenheit und damit eine Aufwertung der angelsächsischen Position:

> þa befor se here hie þær, 7 hie þær gefuhton, 7 þær wearð Sigulf ealdormon ofslægen, 7 Sigelm ealdormon, 7 Eadwold cynges ðegen, 7 Cenulf abbod, 7 Sigebreht Sigulfes sunu, 7 Eadwald Accan sunu, 7 monige eac him, þeh ic ða geðungnestan nemde. 7 on þara Deniscena healfe wearð ofslægen Eohric hira cyng, 7 Æðelwald æðeling ðe hine to þæm unfriðe gespon, 7 Byrhtsige Beornoðes sunu æðelinges. 7 Ysopa hold, 7 monige eac him, þe we nu genemnan ne magon; 7 þær wæs on gehwæðre hond micel wæl geslægen, 7 þara Deniscena þær wearð ma ofslægen, þeh hie wælstowe gewald ahton.

Schon bei dem Vermerk der Tatsache des Gefechts, der in dieser Sequenz sonst durchgängig mit *him wiþ gefuhton* erfolgt, zieht sich der Chronist hier auf das unparteiische "hie gefuhton" zurück und schließt eine ungewöhnlich lange Aufzählung der Gefallenen auf beiden Seiten an, die wie üblich im agens-losen Passiv erscheint und somit beide Parteien nicht als Handelnde, sondern als Erduldende zeigt. Üblicherweise steht eine solche Liste jedoch am Ende einer Schilderung, während hier erst jetzt das - wiederum unparteiische - *micel wæl* angefügt wird, gefolgt von der Erwähnung der größeren Zahl der Erschlagenen auf dänischer Seite, die noch einmal die Dänen als inaktive Opfer darstellt und - jetzt auch parteinehmend - ihre höheren Verluste betont. Erst als letzte Aussage dieses langen Eintrags erfolgt dann die Benennung des Siegers, die, so scheint es, bewußt lange hinausgezögert worden ist. Indem der Chronist also den Dänen eine Zuweisung der dominanten Position verweigert und stattdessen beide Parteien als Erduldende präsentiert, wertet er die Rolle der Dänen ab und relativiert die unterlegene Position der Angelsachsen.

Für diese Sequenz läßt sich also festhalten, daß dieser Chronist die Mittel der Empathiesteuerung subtiler und zugleich wirkungsvoller einzusetzen vermag als sein alfredischer Vorgänger, wie überhaupt sein darstellerisches Geschick hochentwickelt ist.

---

162 In BCD bildet er nur den Auftakt zu einer langen namentlichen Auflistung gefallener Dänen.

*

Diese Sequenz beeindruckt wie die vorhergehende durch ihre kriegskunstbewußte Präsentation taktischer und strategischer Aspekte der Kriegführung und führt zudem mit den Festungsbauberichten eine neue Dimension strategischer Kriegskunst ein. Ihr Darstellungskonzept ist eindeutig annalistisch orientiert, was sich in der Rückkehr zu parataktischer Schilderung wie auch der betonten chronologischen Einordnung äußert. Die Darstellung selbst ist jedoch keineswegs simpel, sondern sehr um Präzision bemüht und im sprachlichen Ausdruck variationsreich. Die Darstellungsinteressen der Chronisten werden subtiler als bisher umgesetzt und konzentrieren sich auf die Präsentation König Edwards, der als Lenker und Planer des Geschehens und zudem als zentraler Träger der Handlung gezeigt wird.

5.3 Die Parkerchronik 918-923: die späteren Siege Edwards

Diese Chroniksequenz gehört nicht zu dem *mainstream* der Angelsachsenchronik, sondern liegt einzig in der Parkerchronik vor, und ihre markanten stilistischen Eigenarten grenzen sie deutlich von den nachfolgenden wie auch den vorausgehenden Annalen ab. Das einzige Problem bei dieser Abgrenzung stellt der Eintrag 918 dar, der die besonderen stilistischen Kennzeichen dieser Sequenz <u>nicht</u> aufweist, aber gleich dem Rest der Annalen nur in der Version A zu finden ist. Eine Erklärung könnte in der auffallenden Ähnlichkeit dieses Eintrags mit dem Befestigungsbericht des vorhergehenden Eintrags 917, der zum Teil im Wortlaut mit 918 übereinstimmt, liegen.[163] Nimmt man nun an, daß 918 ursprünglich noch zu der vorhergehenden Sequenz gehörte, so mag ein momentan unkonzentrierter Kompilator des BC/D-Vorgängers diesen Eintrag einfach ausgelassen haben in dem Glauben, er hätte ihn bereits kopiert. In jedem Falle ist es jedoch legitim, diese Sequenz ab 919 als abgeschlossene Einheit und folglich als das Werk eines einzigen Verfassers zu betrachten.

5.3.1 Informationsgehalt

Diese Sequenz berichtet auf dem eher knappen Raum von sechs Jahreseinträgen (*recte* 915-920) die Rückeroberung des Danelag durch die Anstrengungen von Wessex im Verbund mit English Mercia; am Ende dieses Zeitraums ist König Edward von Wessex anerkannter Herrscher über ganz England einschließlich - wenn auch nur nominell und nicht von langer Dauer - Northumbria. Das militärische Vorgehen der Engländer ist im gesamten Berichtszeitraum eindeutig offensiv und somit von ganz anderer Art als die Kriegführung des neunten Jahrhunderts. Feldzüge, im Sinne von Plünderungsexpeditionen und Verfolgungsmanövern, spielen keine große Rolle mehr. Stattdessen herrscht in erster Linie ein reiner Belagerungskrieg, in dem es nur noch um das Erobern, Behaupten und Sichern von Positionen geht, also um die Kontrolle des jeweiligen Landstriches.

Diese Veränderung der Kriegführung kommt in den Chronikschilderungen deutlich zum Ausdruck, denn diese Sequenz kennt nur noch zwei große Themen: zum einen Bau und Erhaltung oder Eroberung von Festungsanlagen, zum anderen Kapitulation und Unterwerfungsbezeugungen der Besiegten. Dementsprechend tritt auch die Schilderung von Gefech-

---

163 917: [...] foran to Martinesmæssan, ða for Eadweard cyning to Buccingahamme mid his firde, 7 sæt þær feower wucan, 7 geworhte þa burga buta on ægþere healfe eas ær he þonon fore [...].
918: [...] Eadweard cyng for mid fierde to Bedanforda foran to Martinesmæssan [...] 7 he sæt þær feower wucan, 7 het atimbran þa burg on suþ healfe eas ær he þonan fore.

ten hier zurück, und wenn überhaupt von tatsächlichem Kampf berichtet wird, dann handelt es sich ausschließlich um die Erstürmung oder versuchte Erstürmung von Befestigungen, wie sie in den Episoden 2-6 des Eintrags 920[164] geschildert werden. Gefechtstaktik, die in den ersten beiden Sequenzen dieser Chronikschicht noch eine gewisse Rolle spielt, findet in diesen - allerdings recht komprimierten - Einträgen gar keine Erwähnung mehr, wie überhaupt der ganze Bereich taktischer Kriegführung von der Darstellung vernachlässigt wird. Die zu diesem Bereich gehörende Truppenbewegung gerät zur Formel, mit der fast jede Ereignisschilderung eingeleitet wird ("Her ... for Edweard cyning to ..."), die aber keinen taktischen Bezug mehr vermittelt. Waren die Truppenbewegungen der späteren alfredischen Streitkräfte noch ein sehr bedeutsames Element der Kriegführung, so haben sie hier nur noch die Funktion der 'Anreise' zum Ort des Geschehens.

Für den Bereich der Vorbereitung ist, wie auch schon in der vorangehenden Sequenz, wiederum eine Differenzierung zu beobachten, diesmal allerdings anderer Art: Der Akt der Truppeneinberufung findet nur Erwähnung, wenn sich eine besonders große Streitmacht zur Belagerung anschickt, wie es in den Episoden 4-7 des Eintrags 920 der Fall ist, stets mit der Formel "gegaderode micel folc/here". In den Episoden 2 und 3, wo es sich offensichtlich um kleinere, lokale *here* handelt, wird hingegen keine Truppeneinberufung vermerkt.

Strategische Planung ist implizit in der gesamten Sequenz insofern präsent, als die Schilderungen von Festungsbau und -eroberung klar das dahinterliegende strategische Konzept reflektieren, was durch die inhärente Verknüpfung zwischen Befestigungsberichten und direkt anschließenden Kapitulationsmeldungen noch verstärkt wird. Diese Darstellungsmethode ist von den wenigen Berichten dieser Art in der vorangehenden Sequenz bereits eingeführt worden. Absichten und Motive Edwards werden an keiner Stelle dieser Sequenz vermerkt, wohl aber überraschenderweise solche der Dänen (920, Episoden 2, 3, und 7). Besonders bemerkenswert ist hier, daß diese Absichten nicht, wie bislang üblich, mittels *wyllan* oder eines Finalsatzes ausgedrückt werden, sondern im Gewand einer tatsächlichen Überlegung erscheinen: "þohton þæt hie sceoldon ...". Was dann jeweils folgt, sind allerdings mitnichten taktische oder strategische Finessen, sondern auf der Hand liegende Intentionen, "... abræcan" bei dem Angriff einer Festung (Episode 2), oder eher banale Verallgemeinerungen, "... mid gewinne 7 mid unfriðe eft þæs landes mare geræcan" (3) und "...

---

164 Dieser sehr lange und zugleich klar gegliederte Eintrag wird der bequemeren Referenz halber in seine einzelnen Episoden zerlegt, numeriert von 1 bis 10, die mit den von Plummer in seiner Ausgabe eingeführten Absätzen übereinstimmen. Sollte es notwendig werden, innerhalb der Episoden noch zwischen einzelnen Handlungen zu unterscheiden, geschieht das mittels der Kleinbuchstaben a, b, c, etc.

gewrecan hira teonum" (7). Diese Verallgemeinerungen sind aber insofern interessant, als sie - ihrer Banalität zum Trotz - einen für die chronikalische Darstellung ungewöhnlichen Grad an Abstraktion beinhalten.

Diese Sequenz ist auf der einen Seite thematisch sehr begrenzt durch die Dominanz ihrer beiden Hauptgegenstände und zudem sehr formelhaft in der Präsentation der Fakten, doch auf der anderen Seite wartet sie gelegentlich mit überraschenden zusätzlichen Informationen auf. Hier ist neben der schon genannten Konstatierung von dänischen Überlegungen die - vielleicht sogar annähernd wortgetreue - Wiedergabe der Schwüre des ostanglischen Heers im Eintrag 920,10 zu nennen: "[...] þæt hie eal þæt wolden þæt he wolde, 7 eall þæt friþian woldon þæt se cyng friþian wolde, ægþer ge on sæ, ge on lande". Ferner vermerken die beiden Schilderungen der erfolgreichen Erstürmung von dänischen Forts interessante Differenzierungen in der Vorgehensweise: Werden bei der Eroberung in 920,6 die dänischen Verteidiger allesamt erschlagen, "buton þam mannum þe þær oþflugon ofer þone weall", so geht man in 920,5 viel gnädiger vor und tötet nur diejenigen, "þe [...] hie wergan woldon".

5.3.2 Aufbau und Struktur

Bezüglich des Aufbaus der einzelnen Schilderungen ist hier zwischen den Festungsbau- und den Belagerungs- bzw. Eroberungsdarstellungen zu unterscheiden, die jeweils einem ähnlichen Schema folgen. Die Berichte von Befestigungsaktivitäten, an denen König Edward persönlich beteiligt ist, werden stets eingeleitet mit *her/þa* [+ zeitliche Spezifizierung] *for Eadweard cyning [mid fierde]*[165] *to X*. Die Berichte hingegen, die nur eine vom König angeordnete Bauexpedition vermerken, verzichten auf das *faran to* (918b; 920,1a und b). Anschließend folgt der Bau oder die Reparatur, ab 921 auch die Bemannung der Anlagen, gelegentlich dem König zugeschrieben (919, 920,10), aber zumeist nur seinen Befehl vermerkend ("het"; 918, 920,1, 921, 922, 923). Die Episoden 8 und 9 des Eintrags 920 weichen von diesem Schema ab: 8 hält ausdrücklich des Königs Verweilen während der Bauarbeiten fest, "sæt þær þa while þe mon worhte", und 9 variiert den Vermerk der königlichen Order stilistisch anspruchsvoll mit "be Eadweardes cyninges hæse".[166] Die Unterwerfungsmeldun-

---

165 Einzig 919 und in der letzten Episode von 920 wird er als Alleinreisender dargestellt.

166 Dieser Ausdruck taucht in der Angelsachsenchronik nur noch zweimal auf, 963 in der in einem völlig anderen Kontext stehenden eingefügten Erzählung über den Wiederaufbau des Klosters *Medeshamstede* (vgl.

gen, die 918 und von 920,8 an jeder Befestigungsaktion angeschlossen werden, wechseln in Ausführlichkeit und Ausdrucksweise.

Von den Belagerungsdarstellungen, soweit sie dänische Eroberungsversuche betreffen, werden drei jeweils sehr ähnlich präsentiert, während ein Bericht (920,3) davon abweichend geschildert wird. Hier wird zunächst konstatiert, daß die Dänen von Huntingdon ihre Festung aufgeben und eine neue in Tempsford bauen, woran die Wiedergabe ihrer Absicht, "þæs landes mare geræcan" angeschlossen wird. Erst jetzt setzt die Kriegshandlung ein, aber nicht mit dem sonst üblichen *faran to*, sondern der etwas gestelzten Variante "foran þæt hie gedydon æt Bedanforda". Daß es sich um eine Festung handelt, wird nicht erwähnt, sondern wird erst klar, als daraufhin die Krieger ausrücken, "þe þær binnan wæron", und mit den Angreifern kurzen Prozeß machen: "him wiþ gefuhton, 7 hie gefliemdon, 7 hira godne dæl ofslogon". Die anderen drei Berichte dänischer Angriffe (920,2, 4, 7) setzen ein mit der Konstellation der dänischen Streitmacht, identifiziert nach ihrem Standort - in den Episoden 4 und 7 markiert ein "gegaderode micle here" ihre besondere Größe -, und ihrer Bewegung zu ihrem Angriffsziel, "foron to". Dann folgt der Angriff, "fuhton on", wobei 4 und 7 noch ein "ymbsæton" vorausschicken, und die Abwehr durch die Garnison, in 2 und 4 mit *awerian* ausgedrückt, in 7 nur impliziert. Hilfe von außerhalb wird in 2 und 7 erwähnt, anschließend der Abzug der Dänen vermerkt: "þa forleton hie þa burg 7 foron aweg" (in 7 "foran fram"). Die Darstellungen der beiden - erfolgreichen - englischen Angriffe (5 und 6) sind ebenfalls sehr ähnlich. Auch sie setzen ein mit der Truppenversammlung, "gegaderode micel folc", und fahren fort mit Anreise, Belagerung und Angriff bis zum geglückten Eindringen in die Festung, in 5 "oð hi hie abræcon", in 6 "oð hie þa geeodon". Die Berichte schließen mit der schon erwähnten jeweiligen Behandlung der dänischen Verteidiger.

Den verschiedenen Typen von Handlung wird also jeweils ein bestimmtes Darstellungsschema zugewiesen, was die Gleichförmigkeit der Abläufe und ihre ständige Wiederholung betont. Dadurch wird der Eindruck vermittelt, die englischen Siege seien mühelos und gleichsam unausweichlich, die Konterversuche der Dänen hingegen vergeblich und eigentlich von vornherein sinnlos. Andererseits wird durch stilistische Variation der Eindruck trister Monotonie sorgsam vermieden. Das bemerkenswerte Stilbewußtsein dieses Chronisten zeigt sich auch sehr auffällig in seiner Passion für klangvolle Dopplungen, häufig alli-

---

G. N. Garmonsway, ed., tr., *The Anglo-Saxon Chronicle*, London, 1953, repr. 1984, p. 115, Fn. 1), und sehr viel später in E 1123.

terierend, die an den homiletischen Stil des Erzbischofs Wulfstan erinnern.[167] Ebenfalls in diese Richtung tendiert der sehr häufige, fast schon penetrante Gebrauch von *ægðer ge ... ge*-Konstruktionen (920,2, 6, 7, 10, 921, 923).

Die Strukturierung der Einträge folgt der eingeführten Methode mit *her*, das aber immer mit *on þys/þysum gere* ergänzt wird. Die Binnenmarkierung *þy ilcan geare* wird jedoch nur noch vereinzelt (919, 920,1, 10) und davon nur einmal ohne irgendeinen Zusatz (919) eingesetzt. Abgrenzungen innerhalb der Einträge erfolgen hier durch meist komplexere Zeitadverbiale, die entweder eine jahreszeitliche Einordnung vornehmen, beispielsweise 920,2 "þy ilcan sumera betwix hlafmæssan 7 middum sumera", oder Bezug zum vorher geschilderten Ereignis aufnehmen, "þa eft æfter þam" (920,4, 6), oder auch beide Formen miteinander kombinieren, wie 920,7 "þa æfter þam þa giet þæs ilcan hærfestes". Insgesamt sind die Strukturmerkmale hier deutlich variationsreicher, als es bisher in der Chronik der Fall war, was dem auch ansonsten variationsbewußten sprachlichen Stil dieses Chronisten entspricht.

5.3.3 Taktik und Strategie

Wie schon eingangs dargelegt, kommen taktische Aspekte der Kriegführung in dieser Sequenz nicht mehr zur Sprache. Das große strategische Thema, die Befestigungsanlagen, wird hingegen informationsreich dargestellt. So wird hier jetzt nicht mehr nur die Errichtung solcher Anlagen vermerkt, sondern auch die Notwendigkeit ihrer Reparatur, "gebette þa burg 7 geedneowade þær heo ær tobrocen wæs" (920,9, 10; ohne den Zusatz 921). Ferner kommt auch der Ausbau von bereits bestehenden Befestigungen zum Ausdruck, und zwar im Fall von Towchester, das 920 vor Ostern (Episode 1) von den Engländern eingenommen und dann im Herbst (neu?) verschanzt und mit einem "stan weall" versehen wird (2). Auch die doch sehr wichtige Bemannung der Festungen findet hier nun Erwähnung: *gesettan, gemannian* (921, 922, 923). Darüber hinaus wird in 923 nun ausdrücklich der Bau einer Brücke zwischen zwei beidseitig eines Flusses angelegten Festungen dokumentiert: "het gewyrcan [...] þa brycge ofer Treontan betwix þam twam burgum". Außerdem wird unterschieden zwischen dem expliziten Angriff auf eine verteidigte Festung (*feohtan on*)

---

167 So "friþe 7 fultume" (919), "budon 7 bytledon" (920,3), "mid gewinne 7 mid unfriðe" (*ibid.*), "to hlaforde 7 to mundboran" (920,8), "gebette 7 geedneowade" (920,9), "gebettan 7 gesettan" (921), "gesettan 7 gemannian" (922), "to fæder 7 to hlaforde" (923), um nur die auffälligsten zu nennen. Vgl. Bately, "Compilation Once More", p. 15, die die Konstruktionen solcher Dopplungen etwas genauer untersucht.

und ihrer Inbesitznahme (*begitan* 918; *gefaran* 920,1, 9, 922c, 922; *geridan* 921), wobei nicht ganz klar wird, ob eine Gegenwehr erfolgt. 921 und 920,9 ist das aber wohl auszuschließen, denn im ersten Fall handelt es sich um Edwards Besetzung der mercischen Burg Tamworth nach dem Tod seiner Schwester Æthelflæd, und das in 920,9 besetzte dänische Fort war vorher von seiner Besatzung verlassen worden (920,3). Wie sehr die *burga* fester Bestandteil des englischen Lebens geworden sind, zeigt sich auch daran, daß sie hier, wie auch schon in den wenigen Beispielen der vorhergehenden Sequenz, stets mit dem bestimmten Artikel *þa* bezeichnet werden, wohingegen die - zum Teil allerdings auch vergänglicheren - *geweorc* der alfredischen Zeit indefinit genannt wurden. Interessanterweise wird die letzte Befestigung Edwards 923 von dieser Sprachregelung ausgenommen, dort heißt es "gewyrcan ane burg". Möglicherweise war dem westsächsischen Chronisten der Ort Bakewell im Peak District zu fern oder unbekannt.

Schließlich kommt auch das strategische "defense-in-depth"-Konzept weiterhin zum Ausdruck: Das "micel folc" in 920,6, das die Dänen in Chester angreift, setzt sich sowohl aus regulären *fyrd*-Kontigenten als auch aus den Garnisonen der umliegenden Festungen zusammen. Und auch das System schneller gegenseitiger Hilfe zeigt sich als gut funktionierend, denn zweimal (920,2, 7) heißt es, einer von den Dänen bedrängten Garnison sei Verstärkung zu Hilfe gekommen, 920,7 sogar ausführlich, "þam burgwarum com mara fultum to utan to helpe".

Aus den Schilderungen geht außerdem - dank der sorgfältigen Identifizierung der Handlungsorte - hervor, daß die Angriffe der Dänen sich ausschließlich gegen von den Engländern kurz zuvor erbaute oder eroberte Befestigungen richteten: Towchester (920,2) war wenige Monate zuvor von den englischen Truppen eingenommen worden, Bedford (920,3) war 918 erobert worden, *Wigingamere* (920,4) hatte Edward zu Anfang des Jahres und Maldon (920,7) im Jahr davor bauen lassen. Die Engländer hingegen jagten den Dänen das im Sommer 920 neu angelegte Fort von Tempsford sofort danach wieder ab, während der König mit seinen eigenen Festungen immer tiefer in Danelaggebiet vordrang. Hier wird deutlich, wie empfindlich seine Strategie die Gegner getroffen haben muß, auch wenn der Chronist dies nicht in Sprache faßt.

Der strategische Bedeutung der Befestigungsanlagen ist dem Chronisten offensichtlich völlig bewußt, aber zudem weiß er auch die damit verbundenen Aufgaben zu vermitteln, und zwar in einer Detailgenauigkeit, wie es vor ihm noch kein Chronist geleistet hat.

5.3.4 Bewertungen und Begründungen

Da keinerlei kausale Verknüpfungen vorgenommen werden, liegen Begündungen in dieser Sequenz nicht vor. Über die Wiedergabe dänischer Überlegungen ist schon vermerkt worden, daß diese keine wirklichen Motive ihres Handelns eröffnen. Ihre Wiedergabe hat wohl in erster Linie die - wertende - Funktion, die völlige Erfolglosigkeit der dänischen Aktionen herauszustellen, denn ihre Absichten werden durch das nachfolgende Geschehen sofort als gescheitert und somit als gänzlich unrealistisch entlarvt. Ihr einziger Erfolg ist der Überfall auf arglose Zivilisten, den das vor Towchester abgeschlagene *here* ausübt (920,2b). Der Chronist spart hier nicht an verächtlicher Mißbilligung: Es ist ein "stælherge", das "nihtes" ausrückt, über "ungearwe men" herfällt, sie beraubt und schließlich als Gefangene verschleppt: "genomon unlytel, ægðer ge on mannum, ge on ierfe". Das ungewöhnliche Understatement "unlytel"[168] statt des üblichen *micel* soll vermutlich den Umfang der Beute herausstreichen.

Die Erfolglosigkeit der Dänen wird mit der mühelosen Selbstverständlichkeit der englischen Siege kontrastiert. Während die jeder Episode vorangestellten präzisen Zeitadverbiale, noch verstärkt durch ein eingestreutes "for hraþe", vor allem in den Kampfschilderungen die schnelle Folge bzw. beinahe schon Gleichzeitigkeit der Ereignisse betonen und somit den Eindruck einer gewissen Hetze des dänischen Anrennens vermitteln, spielt <u>innerhalb</u> der Kampfschilderungen Zeit, jedenfalls für die Engländer, keine Rolle mehr. Von den Dänen heißt es zweimal, sie seien den ganzen Tag lang gegen eine englische Festung angestürmt ("ealne dæg" 920,2; "lange on dæg" 920,4), was natürlich ihre Unterlegenheit noch betont, aber die Engländer handeln scheinbar in einem zeitlosen Raum, da über die Dauer ihrer Aktionen kein Aufschluß gegeben wird. Ihre Erstürmungen vollziehen sich einfach zum gegebenen Zeitpunkt, "oð hi þa geeodon", "oð him fultum to com".[169] Außerdem fällt auf, daß nicht von einem einzigen gefallenen Engländer berichtet wird, während doch anzunehmen ist, daß die Gefechte auf beiden Seiten Opfer forderten.

Zu den Unterwerfungsdarstellungen ist festzuhalten, daß die sich ergebenden Personengruppen stets ausführlich aufgelistet werden und ein ständiges "eall" darauf verweist, daß sich auch wirklich niemand dem habe entziehen wollen. Zudem erwecken die häufigen

---

168 Sonst nur noch einmal in D 1068.

169 Vgl. dagegen die alfredischen Belagerer, deren Verweildauer in der Regel berichtet wird.

Berichte, die Kapitulierenden hätten Edward "to hlaforde" erkoren ("geces") und nach seiner "mundbyrde" verlangt, den Eindruck, sie hätten sich ihm förmlich aufgedrängt.

In den Schilderungen wird somit sehr deutlich, daß diese Sequenz den zufriedenen
Rückblick eines Siegers darstellt, der möglicherweise erst einige Zeit nach den Ereignissen
aufgezeichnet[170] und somit in der Erinnerung noch geglättet und vielleicht ein bißchen ver-
klärt worden ist.

5.3.5 Wortschatz

In dieser Sequenz sind die eingeführten Formeln *micel wæl slean* und *sige niman/sige habban* sowie *agan wælstowe gewald* endgültig aus dem Lexikon verschwunden, obwohl sie in
diesen recht schematisierten Berichten keineswegs fehl am Platze wären. Zu dem Zeitpunkt,
da die englische Überlegenheit selbstverständlich wird, wird also eine Benennung des Siegers nicht mehr für notwendig erachtet, sondern allein durch die Handlung ausgedrückt.
Einzig die Verben *ofslean*, *geflieman* und *feohtan* sind noch in Gebrauch, wobei zwischen
einem Gefecht, *wiþ gefeohtan*, und einem Sturm auf eine Festung, *feohtan on*, klar unterschieden wird.

Die lexikalischen Neueinführungen sind zahlreich, sie gehören fast alle dem Kontext
der Befestigungsanlagen an und spiegeln somit das zentrale Thema dieser Sequenz wider:
begitan, gefaran, geridan für die (gewaltsame oder auch nicht) Besetzung einer Festung,
worin sich auch die nun offensive Position der Engländer offenbart, *gebetan* und *geedneow-
ian* für die Instandhaltung (in diesem Zusammenhang ist auch die Präzisierung *stan weall*
aufzuführen), *mannian* und *gesettan* für ihre Bemannung. Neben dem schon lange eingeführten *wyrcan* liegt auch das schon in der vorhergehenden Sequenz erstmalig aufgetretene
atimbran und *getimbran* wieder vor. Hier läßt sich jetzt allerdings anhand der Towchester-
Episode (920,1) folgern, es werde bezüglich der Präfixe differenziert zwischen *atimbran* =
aufbauen, neu schaffen, und *getimbran* = verschanzen, bereits Bestehendes aufrüsten. Neu
hinzugekommen sind für das Konzept 'bauen' auch *gestaðelian* und *bytlian*[171], die allerdings nur einmal gebraucht werden (919 und 920,3). Des weiteren ist hier anzumerken, daß

---

170 Meaney, "Undervalued Manuscript", p. 14, meint, die fehlerhafte Datierung um drei Jahre deute auf einen größeren Aufzeichnungsabstand hin.

171 Nur noch einmal - und sehr spät - in der Angelsachsenchronik unter C 1065.

die bereits eingeführte Unterscheidung zwischen dem etablierten *landhere* der Dänen auf der einen und den schweifenden, kleineren Piratenbanden, *wicengas*, auf der anderen Seite auch hier beibehalten wird, aber die letztere Gruppe zusätzlich mit dem sehr poetisch anmutenden Ausdruck *æscmenn* bezeichnet wird, der nicht nur an dieser Stelle in der Angelsachsenchronik, sondern in der gesamten alt-englischen Literatur einmalig ist. Daneben bietet diese Sequenz noch weitere Neuerungen im Lexikon, die aber nicht kriegsbezogen und von daher hier nicht weiter zu berücksichtigen sind. In seiner bezüglich der Ereignisabläufe sehr schematischen Darstellungsmethode verfügt dieser Chronist dennoch über eine bemerkenswerte und variabel eingesetzte Ausdrucksvielfalt, die bisweilen auch zum Manierismus gerät (etwa in seiner Neigung zu Dopplungen). Aber gerade das Zusammenwirken dieser beiden Komponenten macht den besonderen sprachlichen Reiz dieser Sequenz aus.

5.3.6 Syntax

Die Syntax in dieser Sequenz ist in noch stärkerem Maße parataktisch, als es in der vorhergehenden der Fall war. Zudem wird hier die Reihung noch betont durch die auffallende Kürze der einzelnen Sätze und Satzglieder sowie die häufigen Dopplungen. Im Gegensatz zur vorhergehenden Sequenz jedoch haben hier temporale und konsekutive Nebensätze (insgesamt 8) kein so großes Gewicht mehr, sondern den Löwenanteil der untergeordneten Sätze bilden die Relativsätze (19). Die Herstellung von chronologischen Verknüpfungen wird jetzt hauptsächlich von den einleitenden Zeitadverbialen geleistet, wogegen die Sorgfalt, die auf die Identifizierung der handelnden Personen verwandt wird, sich in dem hohen Anteil der Relativsätze zeigt. Objektsätze treten zwangsläufig bei der Wiedergabe der dänischen Überlegungen und der Schwüre auf (4), andere Arten von Konjunktionalsätzen liegen verschwindend selten vor: zwei Lokalsätze (920,9, 10), ein Kozessivsatz (920,6) und ein Modalsatz (920,10). Das annalistisch orientierte Darstellungskonzept dieser Sequenz tritt in diesem auffälligen Verzicht auf Verknüpfungen deutlich zutage.

5.3.7 Handlungsträger

Die Bilanzierung der Handlungsträger in dieser Sequenz bietet folgendes Bild:

König als *pars pro toto*	4x
König mit Streitkräften	5x
Streitkräfte auf Weisung des Königs	1x
König als Anweisender	7x
Streitkräfte	6x

Hier fällt zunächst einmal ins Auge, daß König Edward wie auch zuvor als der lenkende Kopf hinter den Kulissen erscheint. Dies liegt zum Teil daran, daß hier zumeist nur noch die Anweisung, aber nicht mehr auch die Ausführung durch die Streitkräfte festgehalten wird. Das Verhältnis zwischen Befehlen und Agieren hat sich jedoch im Vergleich zur vorhergehenden Sequenz, auch wenn Edward dort nicht so oft als Anweisender hervortrat, in Wirklichkeit zugunsten des Agierens umgekehrt. Dies mag gut den vollständigen Wandel von defensiver zu offensiver Kriegführung widerspiegeln, der sich in der letzten Sequenz nur erst angedeutet hat. Die Unterschiede sind jedoch recht gering, und in jedem Falle ist es der König, der die Handlung initiiert und sie auch zu einem großen Teil aktiv beherrscht. Was die Streitkräfte betrifft, so liegt auch hier wieder der Fall vor, daß sie, wenn sie ohne den König handeln, gleich völlig führerlos scheinen; kein anderer Kriegführer wird neben Edward gestellt. Daß der König bei den sechs Festungsangriffen 920 nicht präsent ist, ist einleuchtend, denn diese Aktionen werden fast ausschließlich von den *burgware* (einmal im Konzert mit der *fyrd* von Südostengland) bestritten, während Edward als Festungsbauer im Danelag umherzieht. Er wird also auch in dieser Sequenz als der strategische Denker und Lenker hinter dem Geschehen präsentiert, der gleichzeitig auch selbst in führender Rolle agiert, und zudem steht er jetzt in der eindeutigen Rolle des Siegers da.

5.3.8 Perspektive

Auf eine Untersuchung der Chronistenperspektive kann für diese Sequenz verzichtet werden, da völlig klar ist, daß sie weitestgehend den Engländern folgt, und zudem deren deutliche Überlegenheit jegliche Abschwächung des Handlungsausgangs mittels Empathiesteuerung überflüssig macht.

*

Diese Sequenz verfolgt ein ähnliches Darstellungskonzept wie die vorhergehende, wird jedoch durch den Wandel der ereignisgeschichtlichen Gegebenheiten, also den Umschwung von englischer Defensive zu offensivem Eroberungskrieg, geprägt. Da die geschilderten Kriegshandlungen sich auf Festungsangriffe beschränken, werden zwangsläufig keine gefechtsbezogen Aspekte der Taktik mehr dargestellt, hingegen das strategische Konzept des Festungsbaus mit großem Kriegskunstverständnis detailliert ausgeführt. Planungsvorgänge werden dementsprechend auch nur selten impliziert. Wie in der vorhergehenden Sequenz ist die Darstellungsweise annalistisch orientiert, was in der knappen, syntaktisch schlichten Faktenreihung und dem formalisierten Aufbau der Handlungsschilderungen zum Ausdruck kommt. Diese Präsentationsmethode wird jedoch gezielt wirkungsbewußt eingesetzt, um den gewünschten Eindruck von englischer Souveränität hervorzurufen. Wie der wortgewandte und rhetorisch aufwendige Stil der Schilderungen zeigt, ist das Darstellungsvermögen des Chronisten mitnichten schlicht, sondern im Gegenteil besonders stilbewußt ausgeprägt. König Edward steht weiterhin in seiner Präsentation als Denker und Lenker im Zentrum der Darstellungsinteressen, wird jedoch jetzt stärker als aktiv am Geschehen teilnehmend gezeigt, was natürlich seine Rolle als Eroberer betont.

5.4 Das *Mercian Register* 902-924

Das sogenannte *Mercian Register*, eine eigenständige Sammlung speziell mercischer Annalen, von der BC-Version der Chronik nach dem letzten *mainstream*-Eintrag 915 ungeachtet der Chronologie eingefügt, bietet dementsprechend eine rein mercische Sicht der Ereignisse und bildet somit ein Gegengewicht zu der westsächsischen Version des *mainstream*, speziell der Parkerchronik. Genau wie diese den beträchtlichen mercischen Beitrag zur Eroberung und Sicherung der Danelaggebiete völlig verschweigt und die mercische Regentin Æthelflæd erst anläßlich ihres Todes erwähnt, so werden im *Mercian Register* nun allein ihre Aktionen festgehalten, und Edward tritt erst dann in Erscheinung, als er nach ihrem Tod die Macht in Mercia übernimmt - seine Besetzung der mercischen Festung Tamworth wird allerdings verschwiegen. Und während die westsächsische Berichterstattung Æthelflæds Tochter Ælfwynn und ihren Anspruch auf die Regentschaft gar nicht zur Kenntnis nimmt, berichtet das *Mercian Register* nach der Meldung von Edwards und seines Sohnes Ælfweards Tod, daß Athelstan in Mercia zum König gewählt und gekrönt worden sei; hier wird jedoch verschwiegen, daß auch er ein Sohn Edwards und zudem noch dessen Nachfolger als Herrscher von Wessex ist.

Das *Mercian Register* berichtet in erster Linie von Æthelflæds Befestigungsbau, wobei sie stets als persönlich präsent und nicht, wie Edward, auch als Delegierende gezeigt wird. In der Rolle der Anweisenden wird sie einzig 916 präsentiert, als sie eine Strafexpedition gegen die Waliser ausschickt: "sende Æþelflæd fyrde on Wealas". Auch erscheint sie fast immer als alleinig Handelnde, nur 913 ist sie einmal "mid eallum Myrcum" unterwegs. Weiterhin ist sie auch erobernd aktiv, indem sie 917 die dänische Festung Derby in Besitz nimmt, und wie ihrem Bruder Edward unterwerfen sich ihr die dänischen Armeen, wobei das *Mercian Register* die Gewaltlosigkeit dieser Übernahmen und damit das große Ansehen Æthelflæds betont: 918 besetzt sie die Festung Leicester, und zwar "gesybsumlice", worauf der Großteil des ansässigen Heeres sich ihr unterwirft, und mit den Dänen von York, die, wie ausdrücklich vermerkt, von sich aus den Schutz ihrer Herrschaft suchen,[172] steht sie bereits in Verhandlungen, als ihr Tod kurz darauf diese gegenstandslos macht. Æthelflæd, in Parallele zu "Æþered Myrcna hlaford" als "myrcna hlæfdige" bezeichnet, wird also als äußerst kompetente Regentin und Kriegführerin herausgestellt, die "mid riht hlaforddome" (918) herrscht und die Geschicke von Mercia eigenständig und unabhängig führt - und zwar

---

172 "[...] hæfdon eac Eforwicingas hire gehaten, and sume on wedde geseald, sume mid aþum gefæstnod þæt hi on hyre rædenne beon woldon."

von einer höheren Macht unterstützt: "mid Godes fultume" (918, ähnlich 913 und 917). Hier kommt also eine Art der Präsentation zum Vorschein, die der westsächsischen Chronik insgesamt, obwohl gerade in diesem korrespondierenden Teil augesprochen selbstbewußt, völlig abgeht, nämlich die Darstellung der Herrscherfigur als Werkzeug Gottes.

Im *Mercian Register* finden sich auffallend unterschiedliche Arten von Einträgen. Die anfänglichen Einträge 904-909 enthalten nur knappe Meldungen im frühen annalistischen Stil, während 910-924 überwiegend dem Stil der *mainstream*-Berichte entsprechen und vor allem die Festungsbauvermerke in ähnlicher Diktion festhalten, wie beispielsweise 913:

> Her Gode forgyfendum for Æþelflæd Myrcna hlæfdige mid eallum Myrcnum to Tamweorðige and þa burh þær getimbrede on forweardne sumor, and þæs foran to hlafmæssan þa æt Stæfforda.

Die Gesamtheit der Einträge wird überwiegend mit *her* eingeleitet, einmal mit "on þys gere" (910), aber eine Besonderheit des *Mercian Register* liegt in den Einträgen 911, 914 und 915 vor, die mit *þa ðæs opre geare* einsetzen und somit die Kontinuität der Ereignisse betonen. Ein ähnliches Kontinuitätsbewußtsein, das sich ausgesprochen untypisch für die chronikalische Darstellung äußert, zeigt sich in dem Fehlen von Subjekt und Prädikat sowie einer Benennung des Objekts in selbigen Einträgen 914 und 915, die die Reihe der Festungsbauten weiterführen:

> 914: þa ðæs opre geare þa æt Eadesbyrig on forweardne sumor, and þæs ilcan geres eft on ufeweardne hærfest þa æt Wæringwicum.

> 915: þa ðæs opre geare on ufan midne winter þa æt Cyricbyrig and þa æt Weardbyrig, and þy ilcan gere foran to middan wintra þa æt Rumcofan.

Der vorausgehende Eintrag 913 berichtet hingegen noch im ganzen Satz, obwohl auch sein Vorgänger 912 schon einen Festungsbau vermerkt. Allerdings wird in beiden Einträgen in den Nachsätzen, die jeweils einen weiteren Bau konstatieren, schon ebenfalls auf Subjekt, Prädikat und Objektpräzisierung verzichtet. Ähnlich verfährt der Eintrag 918, der die im vorhergehenden 917 mit vollem Titel genannte Æthelflæd jetzt nur noch als "heo" einführt. Hier scheint ein deutliches Streben nach Berichtsminimierung vorzuliegen, das jedoch die Gewährleistung der zum vollen Verständnis erforderlichen Information streng beachtet, wie auch die sorgfältigen Zeitangaben in den zitierten Einträgen zeigen. Einzig der Eintrag 902 läßt an Information zu wünschen übrig, denn er vermerkt ein Gefecht, ohne den Sieger zu benennen, "wæs þæt gefeoht æt þam Holme", wobei der bestimmte Artikel allerdings auf eine allgemein bekannte Schlacht hinweist, deren Ausgang vielleicht sowieso jedem Zeitgenossen geläufig war.

All dies läßt vermuten, daß in der Anlage des *Mercian Register* ein sehr viel engeres Konzept verfolgt wurde als bei der Angelsachsenchronik, nämlich lediglich eine Zusammenstellung lokaler Ereignisse als Information und Erinnerungshilfe für die 'Insider' der begrenzten Welt, die hier beschrieben wird.

5.5 Die letzte Fortsetzung der alfredischen Chronik 934-946

Diese letzte Sequenz der Fortsetzungen fällt im *mainstream* der Chronik ausgesprochen karg aus. Die Einträge bestehen zumeist wieder aus kurzen, annalistischen Meldungen, und Kriegsberichterstattung liegt im Grunde überhaupt nicht mehr vor. Die militärischen Aktionen der Engländer beschränkten sich darauf, den Norden, besonders das aufsässige Northumbria, das sich seinerseits mit den Besitzwünschen norwegischer Wikinger auseinandersetzen mußte, in ihre Gewalt zu bringen. Die Berichte von diesen Aktionen vermerken kurz und knapp die Expedition des jeweiligen englischen Königs, so beispielsweise 934 (A 933), "her for Æþelstan cyning in on Scotland, ægþer ge mid landhere, ge mid sciphere, 7 his micle oferhergode", oder 944, "her Eadmund cyning geeode eal Norþymbry land him to gewealdan, 7 aflymde ut twegen cyningas". Die Schlacht von Brunanburh 937, die in ABCD mit der Einfügung des Gedichts gewürdigt wird, erscheint in der E-Version als uninformatives "her Æþelstan cyning lædde fyrde to Brunanbyrig". Einzig die Chronik D, die vermehrt *mainstream*-unabhängiges Material verwertet, hält gelegentlich militärische Handlungen vergleichsweise präziser fest, nämlich in den Einträgen 943 und 948, die in Stil und Information den kürzeren Einträgen der späteren alfredischen Chronik entsprechen und auch wieder Gebrauch von *micel wæl*, *sige agan* und *offaran hindan* machen.

5.6   Zusammenfassung

In den verschiedenen Sequenzen dieser Chronikschicht zeigt sich ein sehr breites Spektrum chronikalischer Darstellung im allgemeinen und von Kriegsberichterstattung im besonderen. Während die erste Fortsetzung der alfredischen Chronik sich durch ihre historisierende, subjektive Darstellung abhebt, folgen die beiden nächsten Fortsetzungen einer deutlich chronikalischen und auf direkte Interpretation verzichtenden Anlage, und die letzte Fortsetzung erscheint überwiegend in der Form schlichter Annalenschreibung, materialarm und ohne inneren Zusammenhang. Dem Gesamtwerk der Angelsachsenchronik scheinen im zweiten Viertel des 10. Jahrhunderts die Impulse auszugehen, was sich nicht nur in der Kargheit des Materials zeigt, sondern auch in der Divergenz der einzelnen Chronikversionen. Der Zusammenhang mit dem Wandel der militärischen Situation ist offensichtlich: Die Verteidigung gegen die Wikingereinfälle wird sehr breit dokumentiert, die Phase der englischen Offensive - vor allem in den Siegen der dritten Fortsetzung - wird zwar durchaus informationsreich dargestellt, vermochte aber offenbar schon nicht mehr zu Ausschweifungen anzuregen. Die gefestigte Position englischer militärischer Überlegenheit schließlich ist nicht mehr aufzeichnenswert - das Ausbleiben bedeutender kriegerischer Ereignisse scheint als generelle Ereignislosigkeit aufgefaßt worden zu sein.

Nehmen Detailreichtum und Komplexität der einzelnen Sequenzen nun im Verlauf der Periode ab, so bleibt das Kriegskunstverständnis der Chronisten der ersten drei Sequenzen gleichermaßen hoch. Alle drei wissen hier, im Gegensatz zu den Verfassern der alfredischen Kompilation, auch planerische Aspekte der Kriegführung in ihren Schilderungen als solche zu vermitteln, wobei der Chronist der ersten Fortsetzung noch besonders durch seine Vermerke zu situationsunspezifischer Organisation herausragt. Alle drei Sequenzen halten Planungsvorgänge in Form der Darstellung als zukunftsbezogenes Handeln oder mittels Verweisen auf die Absichten der Akteure fest und vermögen die taktischen und strategischen Implikationen der Handlungen in ihren Schilderungen deutlich werden zu lassen, auch wenn diese nicht explizit in Sprache gefaßt werden. Was die Kunst der Darstellung angeht, so zeigen sich die zweite und dritte Fortsetzung der ersten jedoch überlegen, da diese zum Teil erhebliche Unklarheiten bezüglich des Handlungsablaufs aufweist und zudem des öfteren stilistisch unbeholfen erscheint; allerdings stellt hier die Komplexität der Ereignisse wie auch die gewählte Darstellungsform höhere Ansprüche an den Verfasser. Die zweite und dritte Sequenz hingegen beeindrucken durch ihre klare und präzise Präsentation der Ereignisse und der Akteure, ferner durch ihr stilistisches Geschick, was in besonderem Maße für die sehr stilbewußte dritte Fortsetzung gilt.

Allen drei Sequenzen wie auch dem *Mercian Register* ist gemein, daß sie sich um eine möglichst vorteilhafte Darstellung der jeweiligen Herrscherperson bemühen, was sich in der ersten Fortsetzung eher direkt durch die Art der geschilderten Handlung ausdrückt, während die anderen beiden - und auch das *Mercian Register* - verstärkt mit sprachlichen Mitteln arbeiten. In der ersten Sequenz erscheint König Alfred zum einen als organisatorischer Stratege, zum anderen als begnadeter Taktiker, der in gegebenen Situationen mit brillanten Ideen aufwartet, allerdings in einem erheblichen Teil der Handlung gar keine Rolle spielt. Die Chronisten König Edwards hingegen zeigen ihren Herrscher in weitaus stärkerem Maße als den Denker und vor allem den Lenker des Geschehens, der entweder selbst in führender Rolle präsent ist oder als Anweisender die Handlung initiiert und somit kontrolliert. Alle drei Sequenzen sowie das *Mercian Register* stellen ihren Herrscher als alleinigen Kriegführer dar, neben dem andere Befehlshaber fast oder gar keine Erwähnung mehr finden. Die ersten drei streben darüber hinaus danach, für den König unvorteilhafte Fakten zu seinen Gunsten zu verschleiern, wenn auch nicht zu verschweigen, oder zu relativieren.

Insgesamt läßt sich also festhalten, daß sich in den ersten drei Sequenzen dieser Chronikschicht sowohl ein bemerkenswertes Kriegskunstverständnis als auch zunehmend hohes darstellerisches Geschick manifestiert, und zugleich die Darstellungsinteressen der Chronisten die Präsentation stärker beeinflussen, als es in der alfredischen Chronik der Fall ist, während im Zuge der schwindenden chronistischen Aktivität diese Errungenschaften in der letzten Fortsetzung dann wieder gänzlich verloren gehen.

6 DIE ÆTHELREDCHRONIK 983-1016

Mit diesem Teil der angelsächsischen Chronik setzt nach den friedlichen Zeiten von etwa drei Jahrzehnten nun anläßlich der zweiten Welle der Wikingereinfälle, die schließlich zur dänischen Eroberung Englands führte, die Kriegsberichterstattung wieder ein. Diese zweite Überfallserie ähnelt in der Vorgehensweise der Dänen, wenn auch nicht im Umfang der angerichteten Verwüstung, den ersten Einfällen der pre-alfredischen Zeit insofern, als es sich hier wie dort um Plünderungsexpeditionen und nicht um Landnahmeversuche handelte.

Die Æthelredchronik gilt gemeinhin als das am Stück produzierte Werk eines einzelnen Verfassers, das zwischen 1016 und 1023 niedergeschrieben wurde, möglicherweise in London,[173] und Eingang in die Chronikversionen C, D und E fand. Der Chronist beschreibt also eine Folge von Ereignissen, deren letztendlicher Ausgang - die ultimative Niederlage Englands - ihm wohlbekannt ist. Zudem scheint er keine Verbindung zum Hof gehabt und über keine besonderen militärischen Kenntnisse oder diesbezügliche Informationen verfügt zu haben.[174] Dieser Mangel an Informationen auf der einen Seite sowie sein Wissen um die Vergeblichkeit der englischen Verteidigungsanstrengungen auf der anderen Seite bringen den besonderen Ton seines Berichts mit sich, der sich überwiegend in Klagen und Schuldzuweisungen an die englische Kriegführung erschöpft. Im Gegensatz zu seinen Vorgängern ist dieser Chronist also kein loyaler Hofberichterstatter und sein Stil der Dokumentation ein völlig anderer, als bislang in der Chronik zu finden war. Wie schon die erste Fortsetzung der alfredischen Chronik trägt auch dieser Bericht Züge der historischen Darstellung, aber auf einer anderen Ebene. Wurden dort die Ereignisse in ihrem kausalen Bezugsfeld präsentiert, so werden sie hier mit ausführlichen Kommentaren und Bewertungen des Verfassers geschildert, dessen 'hindsight' aber dennoch keine übergreifenden Einsichten in die Zusammenhänge und Hintergründe dieser Ereignisse eröffnet.[175]

---

173 Vgl. Keynes, "Declining Reputation", p. 23; vgl. auch Kap. 3.2, Fn. 105.

174 Vgl. Keynes, "Tale of Two Kings", p. 201.

175 Vgl. Clark, "Narrative Mode", p. 230: "[...] he does not transcend the helplessness he records but shares it". Aus diesen Gründen spricht Clark diesem Bericht eine Einordnung als "'history' in the full sense" berechtigterweise ab.

6.1 Informationsgehalt

Die hier vorliegende Kriegsberichterstattung ist in ihrem Informationsgehalt zumeist recht ausführlich, allerdings auch eher oberflächlich, was die kriegstechnische Seite ihrer Darstellung betrifft. Einige Berichte beschränken sich jedoch auf die Basisinformationen zu einem Gefecht (992; 999; 1009,2; 1010; 1013),[176] und einige wenige werden unvollständig dargestellt. So hält der Eintrag 991 zwar Byrhtnoths Tod fest, aber erwähnt nicht die Schlacht von Maldon, und 1016,2 versäumt einen Vermerk des Kampfes, der Uhtreds Unterwerfung vorausgeht. Ferner bleibt in 1016,4 der Ausgang zweier Gefechte Edmunds ungenannt.

Die die Kriegshandlung auslösenden Aktionen der Dänen, zumeist weitläufige Plünder- und Verwüstungszüge, werden sehr breit dargestellt, ebenso entweder die Konsequenzen dieses Handelns, die in Form von Friedensschlüssen und Tributzahlungen oder auch weiterer Verheerungen erscheinen, oder die anschließenden erfolglosen englischen Gegenmaßnahmen. Ferner findet auch das Element der Kenntnisnahme der Situation durch die Handelnden gelegentlich Erwähnung (1004, 1009, 1016,2, 1016,9).

Was die Präsentation der eigentlichen Kriegshandlungen, der Kämpfe, angeht, so zeigt sich hier eine ganz neue Art der Berichterstattung, nämlich die Darstellung des Nichtzustandekommens von Gefechten. Dies gilt zum einen für spezifische Situationen, in denen die englischen Streitkräfte schon gegen die Dänen aufmarschiert sind, sich aber dann zurückziehen, beispielsweise 993 (ähnlich 1003, 1009,1, 1015):

> [...] com to Humbran muþan se here and ðær mycel yfel worhton ægþer ge on Lindesige ge on Norðhymbran. þa gegaderode man swiðe micle fyrde; and þa hi togædere gan sceoldon, þa onstealdan þa heretogan ærest þone fleam.

Zum anderen wird das Ausbleiben von Kampfhandlungen in nicht schon konkret gefechtsbezogenen Zusammenhängen vermerkt, indem zunächst ein Dänenzug durch eine bestimmte Region und dann die Einleitung englischer Gegenmaßnahmen in Form einer Truppeneinberufung festgehalten wird, die aber dann keine weiteren Schritte mehr zur Folge hat, so etwa 1016,1:

---

176 Wenn nicht anders vermerkt, folgen meine Zitate der Abingdonchronik C in der Ausgabe von Rositzke. Meine Einteilung der langen Einträge 1006, 1009 und 1016 entspricht der leichteren Identifizierung halber Rositzkes Abschnittsgliederung.

Her on þyssum geare com Cnut mid his here and Eadric ealdorman mid him
ofer Temese into Myrcum æt Cregelade, and wendon þa to Wærincwicscire
innan ðære middan wintres tide and heregodon and bærndon and slogon eal
þæt hi to comon. þa ongan se æþeling Eadmund to gaderigenne fyrde. þa seo
fyrd gesomnod wæs, ða ne onhagode heom ðarto buton þæt wære þæt se
cyng ðær mid wære and hi hæfdon þære burhware fultum of Lundene.
Geswicon ða þære fyrdinge, and ferde him ælc man ham.

Auffallend ist bei dieser Art der Schilderungen, daß oftmals gar nicht klar wird, ob nun tat-
sächlich überhaupt nicht gekämpft wurde, da nach Einführung einer bestimmten Situation -
ein plünderndes Dänenheer auf der einen und ein zusammengerufener Trupp englischer
Streitkräfte auf der anderen Seite - der Bericht dann häufig den Rahmen dieser konkreten
Situation verläßt und lediglich ganz allgemein festhält, dies alles habe leider nichts bewirkt.
Am deutlichsten wird dies im Eintrag 1006,1 (ähnlich auch 998, 999, 1009):

And þa ofer þone midne sumor com þa se micla flota to Sandwic and dydon
ealswa hi ær gewuna wæron - heregodon and bærndon and slogon swa swa hi
ferdon. þa het se cyng abannan ut ealne þeodscipe of Wesseaxum and of
Myrcnum, and hi lagon ute þa ealne ðone hærfest on fyrdinge ongean þone
here, ac hit naht ne beheold þe ma ðe hit oftor ær dyde.

Märsche kommen häufig vor, doch zumeist lediglich als Bewegung der Streitkräfte zu
einem bestimmten Ort und nur selten (dreimal) als der Kriegführung zuzurechnendes taktisches Element in Form von Verfolgungsjagden oder Einkesselungsmanövern. Zwei dieser
Märsche treten bezeichnenderweise im Kontext der letzten Feldzüge Edmunds 1016 auf, die
das in den Augen des Chronisten einzige wahrhafte Aufbäumen der Engländer gegen die
drohende Niederlage darstellen.

Besonders interessant ist die Darstellung der Truppeneinberufung als Vorbereitung einer Kriegshandlung. Sie wird überraschend häufig erwähnt und im Eintrag 1016 überdies
noch besonders betont durch das Mitzählen des Chronisten, der die dritte bis fünfte Einberufung dieses Jahres jeweils als solche vermerkt und mit der Angabe ihrer Zielgruppe in
sich steigernder Form noch zusätzlich dramatisiert: 1016,5 "þa gegaderede he þryddan siðe
fyrde", 1016,6 "þa gesamnode Eadmund cyng feorðan siðe ealle his fyrde" und 1016,7 "þa
gesomnode he fiftan siðe ealle Engla þeode". Auch sein Vater Æthelred ruft zweimal "ealne
þeodscipe" zu den Waffen (1006, 1009), doch dort folgt sofort der Verweis auf die Erfolglosigkeit der Unternehmen. Insgesamt wird der Vorgang der Truppeneinberufung nur ge-

legentlich im Zusammenhang mit tatsächlichen Gefechten, aber ausnahmslos in den Schilderungen festgehalten, die das Ausbleiben von Kampfhandlungen thematisieren.[177]

Das Handlungselement der Planung taucht hingegen im Kontext konkreter Ereignisschilderungen nur hin und wieder auf, zumeist in Form eines eine Absichtserklärung beinhaltenden Befehls, der somit zukunftsbezogenes Handeln impliziert (992, 1000, 1004, 1009). Nur im Fall der Eintrags 1009 ist diese Anweisung, die zudem sehr unspezifisch in ihrem Gehalt ist, nicht einem benannten Befehlshaber zugeordnet, was die ganze Aktion eher unorganisiert erscheinen läßt: "[...] wurdan þa scipu gearwe [...] and hi man ða ealle togædere ferode to Sandwic, and ðær sceoldan licgan and þisne eard healdan wið ælcne uthere". Einmal jedoch wird - erstmalig in der Angelsachsenchronik - die Darstellung eines tatsächlichen Planungsvorgangs in eine Handlungsschilderung eingebettet, nämlich der Beschluß des Kriegsrates 999, dem in Westkent wütenden Dänenheer mit einer konzertierten Aktion von See- und Landstreitmacht zu begegnen: "þa rædde se cyning wið his witan þæt man sceolde mid scipfyrde and eac mid landfyrde hym ongean faran". Darüber hinaus liegt in dieser Chronikschicht nun eine neue Kategorie von Planungsschilderungen vor: die außerhalb einer konkreten Handlungsdarstellung stehenden Berichte von Kriegsräten. Sie vermerken zumeist Entscheidungen zur Zahlung von Lösegeld (991, 994, 1002, 1004), beinhalten aber auch in zwei Einträgen (1006,3, 1010) eine tatsächliche Beratung über die Lage der Nation, wobei der erste Eintrag besonders interessant ist, da er nicht nur ausführlich und dramatischen Tones die Auswegslosigkeit der Situation darlegt, sondern auch explizit den Akt des Nachdenkens thematisiert:

> þa wearð hit swa micel ege fram þam here þæt man ne mihte geþencan and ne asmeagan hu man hi of earde adrifan sceolde oþþe ðisne eard wið hi gehealdan, forðan þe hi hæfdon ælce scire on Wesseaxum stiðe gemearcod mid bryne and mid heregunge. Agan se cyning þa georne to smeagenne wið his witan hwæt him eallum rædlicust þuhte þæt mon ðissum earde geborghan mihte [...]."

Diese Kriegsratschilderungen eröffnen eine neue Dimension in der Darstellung von Kriegskunst, denn sie zeigen Planungsvorgänge erstmals in der Chronik als funktionalen Bestandteil der Kriegführung, indem sie diese Planungsvorgänge aus dem Kontext konkreter Handlungsabläufe herauslösen und sie als eigenständiges Ereignis präsentieren. Der Akt des Nachdenkens wird nicht nur sprachlich realisiert, sondern er bekommt einen ihm eigenen

---

177 Auf den somit entstehenden Eindruck, den diese Art der Darstellung bewirkt, wird in Kap. 6.4 eingegangen werden.

Kontext zugewiesen, der zugleich erst durch ihn definiert wird: die Beratung. Somit wird nun auch das Forum 'Kriegsrat' als Planungsorgan, das sicherlich von Beginn an Bestandteil der angelsächsischen Kriegführung gewesen ist, durch die Darstellung institutionalisiert.

6.2 Aufbau und Struktur

Diese Chronikschicht kennt im wesentlichen nur drei Arten von Schilderungen: Berichte von dänischen Verwüstungen und Greueltaten, Berichte vom Versagen der englischen Verteidigung und, seltener, Berichte gelungener englischer Aktionen, die überwiegend in dem langen Eintrag 1016 zu finden sind. Vor allem die Darstellung des englischen Scheiterns sind hier von Interesse, da sie zum größten Teil einem ähnlichen Aufbau folgen, dessen Merkmal die adversative Konjunktion *ac* ist: Zunächst wird die Situation dargelegt und eine Absicht, ein Befehl oder auch nur die Meinung des Chronisten, was nun hätte geschehen müssen, mittels *sculan* benannt. Dann folgt die mit *ac* eingeführte Darstellung, was stattdessen geschehen ist, entweder ein Fall von Verrat (1003, 1009), von Ungehorsam (1004) oder eine Fehlentscheidung bzw. gar keine Entscheidung der englischen Führung (999, 1010), oder es wird einfach die Erfolglosigkeit der betreffenden Unternehmung konstatiert (1009). Zweimal wird auch eine Verweigerung einer Aktion mit *nyllan* präsentiert (1010, 1011). Daneben liegen einige Einträge vor, in denen dem *ac* eine *ongean*-Situation vorausgeht, also die englischen Streitkräfte gegen ein feindliches Heer zusammengezogen worden sind, aber ein Kampf - scheinbar oder tatsächlich - nicht stattfindet (998, 999, 1006, 1009). Die anderen genannten Arten von Schilderungen haben zwar jeweils ihren Refrain von Schlüsselwörtern, sind aber in ihrem Aufbau variabler und folgen keinem erkennbaren Schema.

Die Einleitung der Einträge erfolgt traditionsgemäß entweder durch *her* oder, häufiger, *her on þysum geare*, wobei *her* durchgängig die ersten, bis 990 auch annalistisch knappen, Einträge 983-992 einführt und zwischen 998 und 1008 noch gelegentlich auftaucht. Die Binnenstrukturierung der einzelnen Einträge folgt hingegen nur bedingt dem etablierten Modus. Das einen Themenwechsel markierende *þy ilcan geare* wird zwar, zumeist in der Form *on þyssum geare* oder ähnlich variiert, noch häufig (11x) in diesem Sinne eingesetzt, fehlt aber auch oft gänzlich, vor allem in den anfänglichen Annalen dieser Sequenz.[178] Darüber hinaus wird diese Markierung auch zuweilen angewandt, wenn gar kein Themenwech-

---

[178] So in den Annalen 983, 986, 988, 990, 992 (2x), 995, 1006.

sel vorliegt (991, 1003, 1011). Innerhalb eines Themenkomplexes werden hingegen die einzelnen Handlungsfolgen kaum noch voneinander abgegrenzt, sondern zumeist mittels *and* oder *þa* aneinandergereiht. Der Einsatz von genauer differenzierenden Zeitadverbialen ist eher selten und in einiger Fülle nur in den Einträgen 1006 und 1009 zu beobachten.

Des weiteren überrascht dieser Bericht mit zwei Überleitungen innerhalb von Einträgen, die eindeutig narrative Züge tragen. Die Schilderung des innerenglischen Konflikts zwischen Wulfnoth und Beorhtric 1009 beginnt mit der Phrase "þa gewearð hit on þissum ylcan timan oþþe lytle ær þæt ... ". Es ist gut vorstellbar, daß diese Episode Gegenstand eines zeitgenössischen Liedes war, das der Chronist kannte und an dieser Stelle einarbeitete, ohne es exakt zeitlich einordnen zu können. Im Fall des zweiten Beispiels hingegen, "þa gelamp hit þæt ... ", mit dem die kurze Meldung von Æthelreds Tod 1016 eingeführt wird, ist diese Wortwahl nicht recht einleuchtend und wohl eher unter stilistischer Variation zu verbuchen.

Die Abweichung dieser Chronikschicht von den bisher üblichen Darstellungsweisen zeigt sich also auch in der Art ihrer Strukturierung. Der etablierte annalistische Rahmen wird zwar bewahrt, aber die bislang zumeist beobachtete konsequente Binnendifferenzierung, die auf klare chronologische Einordnung des Geschehens bedacht war, tritt hier zurück zugunsten einer fließenderen Darstellung, die dem diskursiven Charakter dieser Sequenz entspricht.

6.3 Taktik und Strategie

Taktische Elemente der Kriegführung kommen in den Berichten dieser Chronikschicht nur selten zum Ausdruck und werden zudem nicht unbedingt als solche gekennzeichnet, sondern können lediglich erschlossen werden. In zwei Fällen beinhalten sie die schon in der alfredischen Chronik eingeführten Überholmanöver: Edmund Ironside gelingt es 1016 zweimal, die Dänen durch *offaran* bzw. *offeran* zum Kampf zu zwingen. Des weiteren werden im Eintrag 1009 gleich drei beabsichtigte oder auch ausgeführte Umzingelungen vermerkt: Die Schiffe des Rebellen Wulfnoth könnten ohne Schwierigkeiten von der englischen Flotte eingekreist werden, "man hi eaðe befaran mihte", und König Æthelred gelingt es kurz darauf, ein Dänenheer in die Zange zu nehmen, "hæfde se cyning hi forne forgan mid ealre fyrde". Das im selben Eintrag festgehaltene Ansinnen der englischen Führung, die aufgebotene "ealne þeodscipe" solle dazu beitragen, "þæt man on ælce healfe wið hi healdan sceolde", kann einfach nur als Aufforderung zu größtmöglichem Widerstand gelesen werden. Dahinter könnte aber auch die Absicht stehen, das neu eingetroffene Heer von Thorkell, das gerade die Gegend von Sussex und Hampshire heimsucht, in einem Kraftakt einzukesseln und so weit wie möglich zu schwächen, bevor es allzu heimisch wird. In diesem Falle wäre das Kriegskunstverständnis des Chronisten einer angemessenen Darstellung nicht recht gewachsen, ähnlich wie der im Eintrag E 992 wiedergegebene Befehl an die Flotte, "sceoldan cunnian gif hi muhton þone here ahwær utan betræppan", in der Realität nicht ganz so vage und tentativ gewesen sein mag, wie er hier erscheint.

Ein weiterer taktischer Aspekt, nämlich der der vorausschauenden zeitlichen Abstimmung einer Aktion, tritt im Bericht von Æthelreds Überfall auf Lindsey 1014 zutage, als es den Engländern gelingt, die Feinde unvorbereitet zu überraschen, "ær hi gearwe wæron", wobei der Chronist nicht zu erkennen gibt, ob dieser Umstand auf Absicht oder auf Zufall zurückzuführen ist. Die zweimaligen Angriffe auf dänische Heere just in dem Moment, da sie sich mit ihrer Beute zu ihren Schiffen zurückziehen wollen, "þa hi to scipon woldon" (1004, 1009), mögen ebenfalls auf absichtsvollem Timing beruhen, wenn auch der Chronist einen solchen Zusammenhang nicht herstellt. Eine andere Art taktischen Vorgehens kommt in der Wiedergabe von Ulfkells Befehl, "mon sceolde þa scipu toheawan" (1004), zum Ausdruck, als die in Norwich gelandeten Dänen gegen Thetford vorrücken. Daß es das Ziel dieser Aktion ist, ihnen die Rückzugsmöglichkeit zu entziehen, muß allerdings wiederum erschlossen werden; dem Chronisten liegt mehr daran, wie auch in allen genannten Fällen eines Umzingelungsmanövers, das Scheitern dieser Aktionen herauszustellen. Ebenso darf man annehmen, daß den zahlreichen Schilderungen von - entweder ohne Angabe von Gründen oder durch vorzeitige Flucht - abgebrochenen Verteidigungsmaßnahmen manches Mal auch ein durchaus gerechtfertigter taktischer Rückzug zugrundegelegen haben mag,[179] der sich dem Chronisten mangels Information oder militärischer Auffassungsgabe nicht erschlossen hat.

Eine andere taktische Maßnahme, die zugleich auch Element eines schon von König Edward dem Älteren eingesetzten strategischen Konzepts ist, kommt hier nur schwach zum Ausdruck, nämlich die konzertierte Aktion von Land- und Seestreitmacht. Eine solche Maßnahme wird im Eintrag 999 festgehalten, ohne jedoch auf das Zusammenwirken der beiden Abteilungen hinzuweisen: "þa rædde se cyning wið his witan þæt man sceolde mid scipfyrde and eac mid landfyrde hym ongean faran". Aber im Eintrag 1000 wird auf dieses

---

179 Keynes, "Tale of Two Kings", p. 203, Fn. 25.

Zusammenwirken explizit Bezug genommen, wenn auch nur, um sein Scheitern festzuhalten:[180]

Her on þisum geare se cyning ferde in to Cumerlande and hit swiðe neah eall
forheregode; and his scipu wendon ut abutan Legceaster and sceoldan cuman
ongean hine, ac hi ne meahton. þa geheregodon hi Monige [...].

Von strategischen Maßnahmen ist in dieser Chronikschicht ebenfalls nur selten die
Rede, wenn man nicht jede Erwähnung von Tributzahlungen einzeln rechnen will. Jedoch
weiß der Chronist mit seinen zahlreichen Kriegsratschilderungen durchaus zu vermitteln,
daß die Frage, ob man zahlen oder kämpfen solle, das große generelle strategische Problem
der Zeit darstellte. Anders als Erzbischof Wulfstan, der die Zahlungen als "scandlice nyd-
gyld"[181] anprangerte, und der Maldon-Poet, dem es um die Heroik des Kämpfens ging,
vermag er respektable Gründe für eine solche Entscheidung zu nennen, nämlich Zeitge-
winn, um die Verteidigung zu organisieren, und Schadensbegrenzung:

Her com Swegen mid his flotan to Norðwic and þa buruh eall geheregode
and forbærnde. þa gerædde Ulfcytel wið ða witan on Eastenglum þæt hit be-
tere wære þæt mon wið þone here friðes ceapode ær hi to mycelne hearm on
ðam earde gedydon, forðæm hi unwæres comon and he fyrst næfde þæt he
his fyrde gegarderede. (1004)

Der letztere Aspekt der Schadensbegrenzung äußert sich auch in der Kriegsratschilderung
von 1006: "þæt mon ðissum earde gebeorhgan mihte ær he mid ealle fordon wurde". Was
in diesen Danegeld-Berichten nicht offenbart wird, aber aus dem erhaltenen Text des englischen Abkommens mit Olaf Tryggvason 991 hervorgeht, ist Æthelreds Versuch, dänische
Abteilungen von der Gesamtmacht zu isolieren und sie als aktive Verbündete zu gewinnen,[182] wie es 1012 im Fall von Thorkell the Tall - dessen Übertritt von der Chronik fest-

---

180 Stafford, "Reign of Æthelred", p. 30, weist darauf hin, daß das, was der Chronist hier als Versagen darstellt, genau so geplant gewesen sei, nämlich ein Doppelschlag der Engländer gegen zwei Kolonien der
irischen Wikinger, in Strathclyde und auf Man, unter deren Attacken England neben denen der Dänen zu
leiden hatte.

181 Dorothy Whitelock, ed., *Sermo Lupi ad Anglos*, London, 1952, Z. 104.

182 Theodore Andersson, "The Viking Policy of Ethelred the Unready", *Scandinavian Studies* 59 (1987), pp.
290f. Er zitiert den Text des Abkommens: "And gif ænig sciphere on Englaland hergie, þæt we habban
heora ealra fultum [...]". Vgl. weiterhin Eric John, "War and Society in the Tenth Century: The Maldon
Campaign", *Transactions of the Royal Historical Society* 27 (1977), p. 189, der auf einen Vertrag zwischen Æthelred und Richard von der Normandie 991 verweist, der die Normannen dazu verpflichtet, den
Gebrauch ihrer Häfen als Basen für dänische Heere zu verhindern. Über dieses Abkommen, das eine bemerkenswert weitsichtige strategische Maßnahme darstellt, schweigt die Chronik bedauerlicherweise.

gehalten wird - auch gelingt. Noch eine weitere strategische Maßnahme, die diesmal organisatorischer Art ist, hat die Aufmerksamkeit des Chronisten gefunden, nämlich Æthelreds Erweiterung der Flotte und seine damit verbundene Einteilung der *ship-sokes* 1008:

> Her bebead se cyng þæt man sceolde ofer eall Angelcyn scypu fæstlice wyrcan - þæt is ðonne of þrim hund hidum and of tynum ænne scegð and of viii hidum helm and byrnan.

Wenn auch die Qualitäten dieser neuen Flotte im folgenden Eintrag sogleich durch den Bericht einer mißlungenen Expedition in Zweifel gezogen werden, so wird doch ihre Größe ausdrücklich hervorgehoben - unter einem Verweis auf schriftliche Autoritäten, der vor allem aus der homiletischen Prosa bekannt, aber für die Chronik sehr ungewöhnlich ist: "[...] and hiora wæs swa feala swa næfre ær - þæs ðe us bec secgað - on Angelcynne ne gewurdon on nanes cyninges dæge".

6.4 Bewertungen und Begründungen

Dieser sehr subjektive Bericht ist außergewöhnlich reich an Bewertungen, da Handlung wie auch Personen laufend kommentiert werden. Am auffallendsten sind hier die Schilderungen englischen Versagens bei der Landesverteidigung, die allein in der Darstellung der Handlungsabläufe schon sehr tendenziös sind. Allen Berichten über ein Nichtzustandekommen von Kampfhandlungen geht, wie schon erwähnt (vgl. 6.1), die Schilderung von - oft aufwendig dargestellter - Truppeneinberufung voraus, während dies im Falle von tatsächlichen Gefechten oft unterbleibt. Dazu kommt, daß häufig das Scheitern der Engländer nach Einführung einer konkreten Situation dann solcherart verallgemeinert dargestellt wird, daß man gar nicht erfährt, ob nun ein Gefecht stattgefunden hat oder nicht - jedenfalls wird keines erwähnt. Diese Art der Präsentation verstärkt gezielt den Eindruck der Hilf- und Zwecklosigkeit des englischen Tuns, und die Kontrastierung dieses Versagens mit der von ihnen betriebenen Vorbereitung macht die Botschaft noch deutlicher: Viel Lärm um nichts.

Für das Scheitern der englischen Verteidigungsanstrengungen kennt der Chronist in der Hauptsache nur drei Ursachen, die er nicht müde wird zu berichten: Feigheit, Verrat und Fehlentscheidungen der Kriegführung. Im Eintrag 993 wird die Formulierung eingeführt, die sich im weiteren Verlauf zu einem "defaitist leitmotif"[183] entwickelt (so auch

---

183 Abels, "Tactics", p. 149.

1010, 1016,7; ähnlich 998): *ærest þone fleam onstellan. Fleogan, bugan* und *ryman* sind weitere Schlüsselwörter in diesen Versagens-Berichten (999, 1001, 1006,2, 1010, 1015). Was den Verrat betrifft, so erscheinen zwei Männer hier besonders prominent: die *ealdormen* von Mercia, erst Ælfric, dann Eadric Streona. Ælfric taucht 992 erstmalig in der Verräterrolle auf, als er die Dänen vor einem Angriff warnt, und zwar "him sylfum to myclum bysmore", und er hat unter *Anglo-Saxonists* eine gewisse Berühmtheit erlangt durch seinen zweiten Streich 1003, als er sich krank stellt und sich zu übergeben vorgibt, um einem Kampf auszuweichen:

> þa sceolde se ealdorman Ælfric lædan þa fyrde, ac he teah ða forð his ealdan wrencas. Sona swa hi wæron swa gehende þæt ægðer here on oþerne hawede, þa gebræd he hine seocne and ongan hine brecan to spiwenne and cwæð þæt he gesicled wære, and swa þæt folc becyrde þæt he lædan sceolde.

Die "ealdan wrencas" stellen den Bezug zum Eintrag 992 her und erwecken darüber hinaus den Eindruck, er habe sich nicht nur in den beiden geschilderten Fällen, sondern immer und überall so verhalten. Sein Nachfolger Eadric erscheint erstmalig im Eintrag 1009,1 mit einer nicht näher spezifizierten Untat, "gelet", durch die er den Angriff auf ein bereits umzingeltes Dänenheer verhindert, aber das nachgestellte "swa hit gyt æfre wæs" macht gleich deutlich, daß es sich auch bei ihm um einen Wiederholungstäter handelt. Im weiteren Verlauf tritt er als zweimaliger Überläufer hervor, der Edmund Ironside 1015 in einer kritischen Situation verläßt und zu Knut überwechselt und 1016 dann von Edmund wieder in Gnaden aufgenommen wird, was der rückblickende Chronist mit einem grimmigen "næs nan mara unræd geræd þonne se wæs" kommentiert. Schließlich läuft er bald darauf in der entscheidenden Schlacht wieder zu Knut über, "and aswac swa his cynehlaforde and ealre Angelcynnes þeode", und der Chronist hat schon immer gewußt, daß auf ihn kein Verlaß ist: "þa dyde Eadric ealdorman swa swa he ær oftor dyde". Ein weiterer, weniger prominenter Verräter ist Ælfmær, der 1011 Canterbury "þuruh syruwrencas" an die Dänen ausliefert und somit den Märtyrertod des Erzbischofs Ælfheah mitverschuldet, der ihm doch, wie der Chronist entrüstet festhält, einst das Leben gerettet hat.

Die - vom Berichterstatter so empfundenen - Fehlentscheidungen der Kriegführung bzw. ihre Unfähigkeit, überhaupt Entscheidungen zu treffen, werden in situationsunspezifischen, übergreifenden Zusammenfassungen zur Lage der Nation vorgestellt und scharf kritisiert. So heißt es anläßlich der Einberufung eines Kriegsrates 1010 - was zugleich die Sinnlosigkeit aller dieser häufig geschilderten Beratungen betont:

ac, þeah mon þonne hwæt rædde, þæt ne stod furðon ænne monað. Æt nextan
næs nan heofodman þæt fyrde gaderian wolde, ac ælc fleah swa he mæst
mihte; ne furðon nan scir nolde oþre gelæstan æt nextan.

Und kurz danach (1011) stellt er klar, worin für ihn die Wurzel allen Übels liegt, nämlich
nicht in der Zahlung der Danegelder, sondern in der Wahl des Zeitpunkts dieser Zahlungen:

> Ealle þas ungesælða us gelumpon þuruh unrædas þæt man nolde him a timan
> gafol beodon oþþe wið gefeohtan, ac þonne hi mæst to yfele gedon hæfdon,
> þonne nam mon frið and grið wið hi; and naþelæs, for eallum þissum griðe
> and gafole, hi ferdon æghweder flocmælum and heregodon ure earme folc,
> and hi rypton and slogon.

Hier zeigt sich auch, daß dieser Chronist sich als Stimme des Volkes versteht,[184] die wiederholt auf das Leiden der Bevölkerung hinweist und auch die Beeinträchtigungen durch das
eigene Heer festhält: "seo fyrding dyde þære landleode ælcne hearm þæt him naðer ne dohte - ne inghere ne uthere" (1006). Er beschuldigt die englische Führung neben genereller
Unfähigkeit auch der Geldverschwendung, "feos spilling" (999), und der Verantwortungslosigkeit gegenüber ihren Untertanen, "leton ealles þeodscipes geswinc ðus leohtlice
forwurðan" (1009); er verkörpert die angelsächsische Version dessen, was man heutzutage
einen 'Stammtischpolitiker' nennt. Die desolate Lage darzustellen wird er nicht müde, und
er betont stets, daß es sich um einen Dauerzustand handelt, beispielsweise "wæs hit þa on
ælce wisan hefig tyme" (1001), und "þa ne dohte naðer þisse leode ne suðan ne norðan"
(1013).

Dem Versagen auf englischer Seite werden die Verwüstungen und Greueltaten der Dänen, denen im Gegensatz zu ihren Gegnern fast immer alles gelingt, kontrastierend gegen-
übergestellt und sehr breit ausgeführt. Ihre Züge werden ausgiebig geschildert, und zwar
mit genauer Identifizierung der betroffenen Orte und Regionen sowie unter permanenter
Verwendung von *faran, gan* und vor allem *wendan*, was ihre Schnelligkeit und Reichweite
hervorhebt und den Eindruck erweckt, sie seien eigentlich immer überall gewesen. Zudem
wird immer wieder betont, daß sie sich ungehindert bewegen können, just wie es ihnen in
den Sinn kommt, "swa wide swa hi woldon" (994, 998, 1001, 1006, 1009), "swa oft swa hi
woldon" (1013), sie können an einem Ort ihrer Wahl bleiben, "swa lange swa hi woldon"
(1011), und sie können auch unbegrenzte Beutemengen abschleppen, "swa mycel swa hi
sylfe woldon" (1010). Der Tenor ihrer Schreckenstaten, der wie ein Refrain immer wieder
aufgenommen wird, ist *yfel wyrcan* (993, 994, 997, 1001, 1002, 1011, 1013, 1014). Unter

---

184 Vgl. auch 1016,2: "[...] wende ælc man þæt hi woldon fyrde somnian ongean Cnut cyning."

diesem Oberbegriff sind *hergian, slean* und *forbærnan* zu verstehen, die ebenfalls wie ein Kehrreim die Schilderungen durchziehen. Und als ob diese hämmernden Wiederholungen nicht genügten, wird auch immer wieder hinzugefügt, daß sie diese Greuel gewohnheitsmäßig ausüben, "swa hira gewuna is" (1009, 1016, ähnlich 1006,1 und 2). Daß den Dänen in all diesen Schreckensberichten trotz des Terrors, den sie verbreiten, auch eine heroische Komponente zugewiesen wird, ist mehrfach beobachtet worden. Sowohl Clark als auch Keynes verweisen auf die poetischen Kenningar "yðhengestas" (1003) und "handplegan" (1004), und Page rechnet auch noch "beotra gylpa" (1006) dazu.[185]

Neben all den Versagern auf englischer Seite gibt es in den Augen des Chronisten auch einige Lichtblicke in den Reihen der Verteidigung. Edmund Ironside überzeugt durch seine Taten 1016, aber seine Person wird nicht näher dargestellt, wenn ihm auch der Chronist anläßlich der Meldung seines Todes das Verdienst zuerkennt, sein Reich "heardlice" verteidigt zu haben. Positiver als Edmund wird jedoch *ealdorman* Ulfkell von East Anglia herausgestellt: Er wird nicht nur als umsichtig planender Kriegführer gezeigt, sondern auch seine - verlorene - Schlacht gegen die Dänen wird dennoch als große heroische Tat gewürdigt, und zwar in Form der Wiedergabe einer Aussage seiner Gegner:

"[...] ac gif þæt fulle mægen ðær wære, ne eodon hi næfre eft to scipon - swa hi sylfe sædon, þæt hi næfre wyrsan handplegan on Angelcynne ne gemitton þonne Ulfcytel him to brohte. (1004)

Seine Niederlage wird also dem Umstand zugeschrieben, daß seine Streitmacht nicht vollzählig war, und das Kompliment des heroisch-poetischen "handplegan" reflektiert genauso auf ihn wie auf die Dänen. Eine weitere - unpersönliche - Gruppe von Helden stellen die *burgware* von London dar, die die häufigen Angriffe stets "fæstlice" abschlagen (994, 1009, 1013, 1016), und in drei dieser Fälle - als einzige Akteure in dieser Chronikschicht - göttliche Hilfe auf ihrer Seite haben: 994 ist es die "halige Godes modor", die in ihrer "mildheortnesse" der Garnison beisteht, 1009 bleibt die Burg "si Gode lof" unversehrt, und 1016, als die Dänen sie ohne Unterlaß hart bedrängen, "se almihtiga God hi ahredde".[186] Darüber hinaus sind die Londoner, im Gegensatz zu den zahlreichen Vaterlandsverrätern, königstreu: Sie leisten 1013, scheinbar als einzige, Svens Siegeszug Widerstand, "forðan þær wæs inge se cyng Æthelred and þurcyl mid him". Außerdem stellt der Chronist klar,

---

185 Clark, "Narrative Mode", p. 227; Keynes, "Declining Reputation", p. 234; Page, *'A Most Vile People'*, pp. 27f.

186 U.a. aus diesen besonderen Umständen schließt Keynes auf London als Heimat des Chronisten ("Declining Reputation", p. 232).

130

daß ihre Kampfkraft in der englischen Armee große Anerkennung fand, denn er berichtet 1016, die *fyrd* habe einen Feldzug verweigert, weil weder der König anwesend war, noch die Londoner *burgware* ihnen stärkend zur Seite standen.

König Æthelred selbst bleibt ebenfalls weitgehend von der Kritik des Chronisten verschont. Die Lamentos über die unfähige Kriegführung betreffen ihn nur mittelbar und beschuldigen ihn niemals direkt. Einzig der verpatzte Einsatz der neuen Flotte 1009 wird explizit auch ihm angelastet, denn er erscheint als derjenige, der zuerst die Expedition verläßt, "ferde se cyning him ham", und der Vorwurf der Verantwortungslosigkeit trifft hier auch ihn. Aber die wenigen Male, da er als aktiver Kriegführer auftritt, hat der Chronist nichts an ihm auszusetzen; die Expeditionen von 1000 und 1014 sind erfolgreich, und das Mißlingen der Einkesselung 1009 wird ausdrücklich auf dem Konto des verräterischen Eadric verbucht. Æthelreds Abreise in die Normandie 1014 wird nicht wie ein Gang ins Exil, sondern eher beiläufig wie ein verwandtschaftlicher Besuch dargestellt - obwohl der nach seinem Tode schreibende Chronist keinerlei Rücksichten zu nehmen brauchte. Æthelreds Rückkehr nach Svens Tod erscheint, wenn auch die Notwendigkeit gewisser Reformen nicht geleugnet wird, in der Schilderung eindeutig positiv und sogar ein wenig pathetisch: "þa com Æthelred cyning innon ðam lengtene ham to his agenre þeode, and he glædlice fram him eallum onfangen wæs".

6.5 Wortschatz

Zunächst ist für den Wortschatz dieser Chroniksequenz bemerkenswert, daß die Formeln der alfredischen Chronik, die im Verlauf von deren Fortsetzungen beinahe vollständig abgesetzt worden waren, hier nun erneut auftauchen: *micel wæl* (988, 992, 1001, 1004, 1016), *sige agan* (998, 1016) und *agan wælstowe geweald* (999, 1010) sind jetzt wieder präsent. Auch *horsian* (1010, 1013, 1014, 1015) und *wintersetl* (994, 1009, 1016) treten wieder auf. Die Ähnlichkeit dieser neuen Wikingerbedrohung mit den frühen Plünderzügen des neunten Jahrhunderts äußert sich also nicht nur inhaltlich, sondern schlägt auch in der Aufnahme der alfredischen Formeln lexikalisch zu Buche.

Hingegen zeigt sich eine deutliche Erweiterung des Lexikons bezüglich der hier am stärksten vertretenen Themenkomplexe, also der Aktionen der Dänen auf der einen und der Reaktionen der Engländer auf der anderen Seite. Zu dem bisherigen *hergian* und *ofslean* der Dänen gesellen sich hier nun noch *bærnan*, *rypan*, *fordon* und das Substantiv *hergung* nebst dem zusammenfassenden, überaus präsenten *yfel wyrcan*. Für die englischen Maßnahmen ist hier zunächst die variationsreiche Darstellung des Konzepts 'Rückzug' mit *fleam, fleogan, ryman* und *bugan* zu nennen, ferner die Bereicherung des Konzepts 'Truppeneinberufung' durch *gesamnian* (1001, 1016 passim) und *abannan* (1006, 1009) neben dem bislang ausschließlich gebrauchten *gegaderian*. Des weiteren ist der Themenkomplex 'Kriegsrat' hier erstmalig vertreten mit *rædan, (un)rædlice, unræd* und *rædleas*, zudem auch mit dem bislang seltenen *þencan* und dem einzig in dieser Chronikschicht zweimal gebrauchten *smeagan* (1006).

Darüber hinaus offenbart sich im Lexikon der Æthelredchronik auch eine Differenzierung der Begriffe in bezug auf die organisatorischen Gegebenheiten der englischen Streitkräfte. Die Existenz einer militärischen Befehlsebene unterhalb des Königs, die seit den Zeiten Alfreds in den Chronikberichten immer seltener zum Vorschein kam, wird in dieser Sequenz nun wieder sichtbar. Zum einen wird die Delegation von Führungsaufgaben explizit mit "betæhte þa fyrde to lædenne" (992) zum Ausdruck gebracht, zum anderen zeigt sich diese Kommandoebene in den hier eingeführten Termini *heafodman* und *heretoga*. Die militärischen Institutionen Land- und Seestreitmacht werden nun einheitlich als *landfyrd* und *scipfyrd* bezeichnet (999, 1001, 1009).[187] Zudem wird für eine Expedition dieser Streitkräfte der Begriff *fyrding* (1006, 1016) etabliert, der auch einmal differenziert als "scipfyrding ... landfyrding" (999) erscheint.

Der Wortschatz dieser Chronikschicht präsentiert sich also bezüglich der hier thematisierten Kriegsaspekte variationsreich und innovativ. Zugleich lassen die das englische Militärwesen als solches betreffenden Neueinführungen erkennen, daß Æthelreds Streitmacht trotz ihrer Mißerfolge vermutlich besser und straffer organisiert war, als es die desaströsen Schilderungen der Chronik vermitteln, wenn man davon ausgeht, daß solche Begriffe keine Schöpfungen des - militärisch nicht sehr versierten - Chronisten, sondern im zeitgenössischen englischen Lexikon fest etabliert waren.

---

187 Bislang wurde auch die angelsächsische Flotte analog zu den Wikingertruppen mit *sciphere* benannt; dieser Begriff findet hier nur noch einzig im Eintrag 1001 Verwendung.

6.6 Syntax

Diese Chronikschicht ist, von den ersten Annalen bis 990 abgesehen, einerseits gemäß ihrem oft diskursiven Stil reich an hypotaktischen Satzstrukturen, die eine große Zahl verschiedener Nebensatztypen beinhalten.[188] Andererseits liegt es im Darstellunginteresse des Chronisten, besonders die Berichte der dänischen Greueltaten mittels reihender Parataxe aufzuführen, um die Gleichförmigkeit und stete Wiederholung des Geschehens sowie die schnelle Folge der Ereignisse herauszustellen. Hier wird also das ur-annalistische Formmerkmal der Reihung, das doch eigentlich die Objektivität der Berichterstattung garantieren soll, als Gestaltungsmittel subjektiver Präsentation umfunktioniert.

Das auffälligste syntaktische Charakteristikum dieser Sequenz sind die häufigen antithetischen Konstruktionen mit *ac* (21x in der Version C), die die Kritik des Verfassers vermitteln. Kausalverknüpfungen - für die Kriegsberichterstattung besonders interessant - sind nicht selten, beinhalten jedoch oft auf der Hand liegende Motive, "se burgwaru [...] on Lundene beah [...] forðon hi ondredon þæt he hi fordon wolde" (1013), oder lediglich ornamentale Einsichten: "mycel his folces adranc on Temese forþam þe hi nanre bricge ne cepton" (1013), oder "wæron hi eac swyþe druncene, forðam þær wæs broht win suðan" (1012).

6.7 Handlungsträger

Die Bilanz der Handlungsträger stellt sich in dieser Chronikschicht folgendermaßen dar:

König Æthelred als *pars pro toto*	2x
König Æthelred mit Streitkräften	1x
König Æthelred mit *witan*	6x
König Æthelred als Anweisender	7x
ealdorman mit *witan*	2x
ealdorman mit Streitkräften	3x
Streitkräfte	6x
indef. Pron.	11x
Prinz Edmund als *pars pro toto*	2x
König Edmund als *pars pro toto*	6x

---

188 Des großen Umfangs dieser Chronikschicht wegen werden sie hier nicht genauer aufgeführt.

Am auffallendsten ist hier das sehr häufige Auftreten des indefiniten Pronomens 'man' als Träger der Handlung, das in allen anderen Chroniksequenzen bislang nur ganz sporadisch eingesetzt wurde. Hier offenbart sich sehr deutlich die Tendenz des Chronisten zu verallgemeinernder Darstellung, die seine pauschalisierenden Schuldzuweisungen bestärken und einen Eindruck von Rat- und Orientierungslosigkeit der englischen Aktionen vermitteln soll. Auch die Fälle der scheinbar führungslos agierenden Streitkräfte deuten in diese Richtung, denn anders als in den vorhergehenden Sequenzen soll hier keineswegs allein der König als Handelnder herausgestellt werden.

König Æthelred ist im Gegensatz zu seinen Vorgängern als Kriegführer nur äußerst selten präsent, aber um so häufiger wird er in der Rolle als 'Kriegsratsvorsitzender' gezeigt, was allerdings in Anbetracht der dargestellten Sinnlosigkeit dieser Beratungen kein besonders positives Licht auf ihn wirft. Als Anweisender tritt er - mit Ausnahme des Tötungsbefehls 1002 (St Brice's Massacre) - stets nur im Kontext der diplomatischen Verhandlungen mit dem Gegner auf, womit er indirekt wiederum als oberster Geldverschwender präsentiert wird. Ganz anders dagegen erscheint sein Sohn Edmund, der von 1016 an als *pars pro toto* scheinbar allein agiert und so mit seiner Person den letzten Stand der Engländer gegen die Eroberer verkörpert. Das Auftreten der *ealdormen* mit ihren Streitkräften, die schon seit Beginn des neunten Jahrhunderts als Handlungsträger verschwunden waren, ist ein weiterer Indikator dafür, daß die Glorifizierung des Herrschers als Kriegführer, dessen Ruhm nicht durch die Anwesenheit von weiteren Führungspersönlichkeiten geschmälert werden soll, in den Darstellungsabsichten dieses Chronisten nun überhaupt keine Rolle spielt. Ihm geht es darum, die dänische Eroberung als Resultat des generellen Versagens der englischen Kriegführung zu präsentieren, und seine Darstellung von Edmunds heroischem, wenn auch letztendlich fruchtlosen, Aufbäumen soll vermutlich demonstrieren, was in seinen Augen solch konsequenter und gutgeführter Widerstand langfristig hätte bewirken können.

6.8 Perspektive

Eine Untersuchung der Chronistenperspektive ist hier wiederum überflüssig, da der Chronist nicht für die Seite der Engländer Partei ergreift und eine Abschwächung der englischen Niederlagen zudem seinen Darstellungsinteressen zuwider laufen würde, so daß er von den Mitteln der Empathiesteuerung keinen Gebrauch macht.

6.9 Zusammenfassung

Die Besonderheit dieses Chronikberichts gründet also darin, daß es sich im Gegensatz zu allen anderen bisherigen Sequenzen nicht um Hofberichterstattung handelt und der Chronist somit in seiner Präsentation sowohl inhaltlich als auch formal andere Wege einschlägt als seine Vorgänger. Während diese, auch wenn sie ebenfalls eine distinkte Periode der Geschichte aus der Retrospektive betrachteten, sich mit der Aufzeichnung der Ereignisfolgen begnügten, sucht dieser Verfasser ein Gesamtbild des geschilderten Zeitraumes zu zeichnen, das stark auf Verallgemeinerungen beruht. Seine Loyalität gilt nicht den Kämpfenden und erst recht nicht der Kriegführung, sondern der englischen Nation in ihrer Gesamtheit, die er als Opfer sowohl der dänischen Angreifer als auch der Schwächen der eigenen Regierung sieht. Er vertritt die Sicht des Volkes aus der Perspektive 'wir hier unten - die da oben', wohingegen die bisherigen Berichte eher Verlautbarungen aus 'informierten, regierungsnahen Kreisen' darstellten. Dementsprechend sind seine Schilderungen tendenziös und voll von direkten wie auch indirekten Bewertungen, womit sie weitgehend den gegebenen chronikalischen Rahmen verlassen. Dies zeigt sich sich auch formal in den Abweichungen von dem bisher üblichen Strukturierungsmodus und wird verstärkt durch den narrativ-ausschweifenden Stil der Berichte.

Die Kampfdarstellungen sind zwar oft ausführlich, aber auch sehr oberflächlich insofern, als taktische und strategische Gegebenheiten kaum erfaßt werden. Sie fallen zum einen den Darstellungsinteressen und vor allem dem Pauschalierungsbestreben des Chronisten zum Opfer, zum anderen scheinen sie sich auch oft seinem begrenzten Kriegskunstverständnis entzogen zu haben. In seinen häufigen Darstellungen von mißlungenen Aktionen der Engländer sieht er die Gründe dafür derart stereotyp in Feigheit, Flucht und Verrat, daß man zu dem Schluß gelangen kann, das im Eintrag 1003 wiedergegebene Sprichwort fasse weniger die geschilderte Situation zusammen als es die ganze Fülle seines militärischen Sachverstandes subsumiere: *þonne se heretoga wacað, þonne bið eall se here swiðe gehindrad.*

Jedoch leistet diese generalisierende Darstellung auch eine wesentliche Erweiterung des Kriegskunstspektrums der Chronik, nämlich die hier in der Chronik erstmalige Dokumentation von Beratungs- und Planungsvorgängen in Form der Kriegsratschilderungen. Sie erscheinen nicht integriert in einen konkreten Handlungsablauf, sondern als autonomes Ereignis, das durch seine Einordnung in den speziellen Kontext 'Kriegsrat' diesen zugleich als Planungsorgan institutionalisiert. Planung wird also hier erstmals als eigenständiges funktionales Element der Kriegführung von der Darstellung realisiert und eröffnet somit eine neue Dimension der Kriegskunst. Daß dies von den anderen, militärisch versierteren, Chronisten bislang nicht geleistet wurde, läßt schließen, daß hierfür nicht das Kriegskunstverständnis der Verfasser, sondern die jeweilige Anlage des Berichts ausschlagggebend ist. Darstellungen, die den chronikalischen Rahmen wahren, vermögen diese Dimension zwangsläufig nicht zu erschließen, aber hier ist nicht das Maß subjektiver Interpretation entscheidend, sondern das grundlegende Konzept der Ereignispräsentation: In der Æthelred-chronik schafft einzig die generalisierende Darstellungweise die Voraussetzung für die Einbeziehung dieser funktionalisierten Planungsvorgänge, da sie innerhalb konkreter Handlungsschilderungen nicht als solche vermittelbar sind. Die erste Fortsetzung der alfredischen Chronik hingegen, deren Schilderungen stark subjektiv 'historisierend' und kriegstechnisch hochentwickelt sind, kann dennoch in ihrer ablauforientierten Handlungspräsentation solche Vorgänge nicht einbeziehen.

7 DIE CHRONIK BIS ZUR NORMANNISCHEN EROBERUNG: 1048-1066

Die von dieser Chronikschicht geschilderten Ereignisse stehen in einem ganz anderen geschichtlichen Kontext als die bisherigen. Die lange Periode der Wikingerkriege ist nun abgeschlossen, und die wenigen hier stattfindenden militärischen Aktionen sind jeweils separate Auseinandersetzungen, die keinen gemeinsamen Hintergrund haben. Dennoch wird, anders als in der Mitte des zehnten Jahrhunderts, als die Friedensperiode zwischen den beiden Wikingerwellen mit einem deutlichen Rückgang chronistischer Aktivität überhaupt einherging, jetzt das Ausbleiben von kriegerischem Geschehen nicht als generelle Ereignislosigkeit aufgefaßt. England ist damit beschäftigt, sich als anglo-dänischer Staat unter Knut und seinen Nachfolgern neu zu arrangieren, und die Chronik, deren drei noch bestehende Versionen C, D und E immer mehr divergieren, zeichnet wieder wie ehedem kirchliche und weltliche Machtwechsel, Todesfälle und besondere Ereignisse auf. Sie gerät jedoch zunehmend zum politischen Journal, das sich nicht mit Meldungen begnügt, sondern in ausführlicheren - wenn auch nicht ausschweifenden - Einträgen politische Einstellungen zum Ausdruck bringt. Besonders deutlich wird dies in den Schilderungen des Konflikts zwischen dem Earl von Wessex, Godwin, und der königstreuen Fraktion, der fast zum Bürgerkrieg ausartet. Hier zeigt sich die Version E (Peterborough gehörte zum Einflußbereich der Godwinsippe) als eindeutig pro-Godwin, während die Version D, gemäß ihrer nordenglischen Heimat, die royalistische Gegenposition vertritt, die von den mercischen und nordhumbrischen Magnaten unterstützt wurde.

Die zu untersuchenden Darstellungen von Kriegshandlungen beschränken sich nun auf folgende Ereignisse: ein eher belangloser Piratenüberfall 1048 (E 1046), eine Schottlandexpedition der Northumbrier 1054, die zwischen 1049 und 1063 immer wieder aufflammenden Auseinandersetzungen mit dem walisischen Herrscher Gruffydd, Godwins Feldzug nach seiner Rückkehr aus seinem flämischen Exil mit dem Aufmarsch gegen London[189] und schließlich die Ereignisse von 1066.

---

189 Die vorhergehenden Geschehnisse in diesem Konflikt werden hier nicht berücksichtigt, da sie entweder keine militärischen Aktionen beinhalten oder diese keine Darstellung finden.

7.1 Informationsgehalt

Die Kampfschilderungen dieser Chronikschicht sind ausnahmslos vollständig in ihrer Präsentation der zum Verständnis notwendigen Fakten. Einige wenige Einträge umfassen lediglich die Basisinformationen über das Stattfinden eines Gefechts und seinen Ausgang, aber die große Mehrheit der Schilderungen vermittelt darüber hinausgehende Informationen. Sofern es sich um Angriffe von außen handelt, wird dieses die Handlung auslösende Element stets vermerkt, und auch die Konsequenzen einer Kriegshandlung werden oft festgehalten.

Bemerkenswert ist das häufige Auftreten des Handlungselements der Kenntnisnahme, das bislang nur sehr sporadisch in der Chronik zu finden war. Hier wird es vor allem von den Versionen C und D ausgiebig eingesetzt, die in ihren Schilderungen der Kämpfe 1066 beinahe jede Reaktion der Engländer mit ihrer Kenntnisnahme der aktuellen Situation einleiten und auch in der Godwinepisode viel Gebrauch davon machen. Interessanterweise scheint hier eine Differenzierung vorgenommen zu werden zwischen der Vermittlung von Informationen über irgendwelche beliebigen Kanäle einerseits und dem organisierten Nachrichtenwesen der Armee im Kriegsfall. Während die verschiedenen Kenntnisnahmen in der Godwinepisode stets mit *geaxian* wiedergegeben werden, wird König Harold 1066 durchgängig von dritter, man möchte meinen, offizieller Seite mit Informationen zur aktuellen Lage versehen: "þa cydde man Harolde cynge". Sein Widersacher Tostig dagegen muß sich selbst kundig machen ("geaxode"), und auch die nordhumbrischen Verteidiger sind auf ihre eigene Beobachtung angewiesen ("undergeaton"). Die Version E indessen macht nicht so häufig von diesem Element Gebrauch und setzt es in einiger Fülle einzig in ihrer Darstellung der Godwinepisode ein. Dies mag darin begründet sein, daß offensichtlich mit Genugtuung geschildert wird, wie Godwin der Flotte, die ihn abfangen soll, entwischt, was auch daran deutlich wird, daß nicht nur die Kenntnisnahme, sondern auch das Fehlen derselben explizit vermerkt wird: "þa eorlas ne mihton gewitan hwet Godwine eorl gefaren hæfde."

Die Einberufung der Truppen als Vorbereitung einer Kampfhandlung wird insgesamt recht häufig vermerkt, wobei die Peterboroughchronik allerdings ausgesprochen wenig beizusteuern hat, was auch daran liegt, daß hier die Fülle der Ereignisse von 1066 sehr knapp in geradezu früh-æthelwulfscher Komprimiertheit dargestellt wird. Die Abingdonchronik hingegen hält Truppeneinberufungen für fast alle ihre Schilderungen fest (einzige Ausnahme ist der Eintrag 1056), was umgekehrt auf den hier überaus umfangreichen Bericht von 1066 zurückzuführen ist. Gelegentlich wird in diesem Zusammenhang auch das Problem des Zeitfaktors thematisiert, das bislang meist von dem stereotypen *gegaderode his fierde* unberücksichtigt bleibt. Doch die Darstellungen der Ereignisse 1066, bei denen ja der Zeitfaktor eine entscheidende Rolle spielt, bringen diese Problematik zum Ausdruck: Über Harolds großangelegte präventive Küstenwache heißt es, er habe in Sandwich gesessen und auf seine Flotte gewartet, denn "hit wæs lang ær hit man gegaderian mihte" (C), und sowohl D als auch E weisen darauf hin, daß Williams Angriff in Hastings zur Unzeit erfolgte, als die Truppenversammlung noch nicht abgeschlossen war, "ær his folc gefylced wære" (D) bzw. "ear þan þe his here come eall" (E).

Truppenbewegungen sind in allen drei Versionen oft vertreten, verbleiben jedoch auf der Ebene der 'Anreise' zum Ort des Geschehens und erscheinen nicht in taktischer, gefechtsbezogener Funktion. Die Art der geschilderten Ereignisse läßt allerdings auch wenig Raum für taktische Märsche, da keine tatsächlichen Feldzüge, sondern Entscheidungsschlachten berichtet werden. Einzig Godwins Katz-und-Maus-Spiel mit König Edwards Flotte bei seiner Rückkehr aus Flandern trägt gewisse taktische Züge.

Überraschenderweise kommen planerische Aspekte von Kriegskunst in dieser Chronikschicht sehr selten zum Ausdruck. Nur drei Fälle von Planungsvorgängen - zwei davon lediglich impliziert - liegen insgesamt vor, wobei auch hier die Abingdonchronik am stärksten hervortritt, indem sie alle drei aufweist und zudem das eine Beispiel ausdrücklicher Planung als einzige Chronikversion präsentiert. Hier handelt es sich um das vorher vereinbarte Treffen zwischen Tostig und Harald Hardrada 1066 auf dem Tyne, das als planvolle Begegnung gezeigt wird: "eall swa hy ær gesprecen hæfdon". Die anderen beiden Implikationen von Planungsvorgängen hat die Abingdonchronik mit der D-Version gemeinsam, nämlich zum einen die Darstellung von Harolds zukunftsbezogenem Handeln, als er Land- und Seestreitmacht zur Küstensicherung beruft, "for ðam þe him wæs gecyðd þæt Wyllelm bastard wolde hider 7 ðis land gewinnan" (D). Zum anderen ist hier die Präsentation von König Edwards Absicht bei der Aussendung seiner Schiffe 1052 gegen Godwin zu nennen: "þa sceoldon sætnian Godwines eorles". Ein vierter Fall von mutmaßlicher Planung wird lediglich durch die Handlung angedeutet, stellt jedoch eine bemerkenswerte taktische Maßnahme dar (Godwins Aufmarsch in London), die an anderer Stelle erörtert werden wird. Die Peterboroughchronik hingegen hält überhaupt keine Planungsvorgänge in ihren Schilderungen fest. Die Kriegsberichterstattung dieser Chronikschicht fällt also auf eine überwiegend handlungsorientierte Ebene zurück.

7.2 Aufbau und Struktur

Diese Chronikschicht weist im wesentlichen zwei distinkte Arten der (Kriegs-) Berichterstattung auf: zum einen knappe, chronikalische Standardschilderungen von Ereignissen, die man offenbar nicht als sonderlich relevant empfunden hat, und zum anderen ausführliche Dokumentationen, die vermutlich ihrer politischen Dimension wegen so breit und mit augenscheinlichem Interesse dargestellt werden. Hierzu ist der ganze Komplex des Godwin-Konfliktes zu rechnen wie auch die Schilderung der fatalen Ereignisse von 1066. Der ersten Kategorie gehören die Gelegenheitsüberfälle von 1048 und 1054 an. Hier werden zwar noch je nach Informationsstand des jeweiligen Chronisten Umstände und Personen erläutert, aber die Darstellungen des Handlungsablaufs bleiben gleichermaßen komprimiert:

> Her for Siward eorl mid mycclum here into Scotlande and mycel wæl of Scottum gesloh and hig aflymde, and se cyng ætbærst. Eac feoll mycel on his healfe ægðer ge Densce ge Englisce and eac his agen sunu. (1054)

Die Berichte über die Auseinandersetzungen mit Wales entsprechen ebenfalls dieser Darstellungsart, solange die Fronten Engländer-Waliser völlig klar sind (D 1045, D 1052, D, E 1063). Als dieser Konflikt jedoch eine innenpolitische Dimension bekommt, weil Earl Ælfgar von Mercia sich mit dem Waliser Gruffydd verbündet, geraten die Chronikberichte (C, D 1055) sogleich weitschweifiger und kommentierungsfreudlich.

Besonders bemerkenswert sind die unterschiedlichen Schilderungen der Ereignisse von 1066 in den drei Chronikversionen. Die Abingdonchronik ist bei weitem die ausführlichste von den dreien, die Peterboroughversion gibt nur die grundlegenden Fakten der verschiedenen Schlachten wieder, und die Version D produziert einen Zusammenschnitt dieser beiden Darstellungen. Das Gerüst der Ereignisfolgen bleibt zwar in allen Versionen gleich, aber D und E lassen einige Elemente gänzlich aus, woraus sich Verschiebungen der Chronologie ergeben. Die Folge der einzelnen Episoden dieses Geschehens sieht in der Abingdonchronik folgendermaßen aus:

1. Tostig, Harolds abtrünniger Bruder, verwüstet die Isle of Wight und zieht weiter nach Sandwich.
2. Harold erfährt davon; er zieht Land- und Seestreitkräfte zusammen, da er über Williams Eroberungsabsichten informiert worden ist.
3. Tostig erfährt davon, fährt nach Norden und verwüstet Lindsey.
4. Edwin und Morcar erfahren davon und vertreiben ihn.
5. Tostig fährt nach Schottland, findet freundliche Aufnahme und bleibt den Sommer über dort.

6. Harold hält mit seinen Streitkräften den ganzen Sommer über Küstenwache gegen William, muß aber die Aktion dann mangels Proviant abbre-
   chen.
7. Tostig und Harald Hardrada treffen sich wie abgesprochen auf dem Tyne
   und fahren nach York.
8. Harold erfährt davon und zieht mit seinen Streitkräften nordwärts.
9. Bevor er eintrifft, kämpfen Edwin und Morcar gegen die Eindringlinge
   und verlieren.
10. Hardrada und Tostig nehmen York ein und bereiten ein Abkommen vor,
    das ihnen Unterstützung für ihre Eroberung des Südens sichern soll.
11. Harold trifft in York ein; währenddessen haben Hardrada und Tostig sich
    nach Stamford Bridge zurückgezogen, um den Ausgang der Verhandlun-
    gen abzuwarten; Harold fällt überraschend über sie her und besiegt sie.
(Mit der Schlacht von Stamford Bridge endet die Darstellung - Hastings wird
nicht mehr erwähnt.)

Die Peterboroughchronik nun setzt ein mit der Erwähnung einer See-Expedition Harolds gegen William, über deren Ausgang sie aber schweigt und über die ansonsten nichts bekannt
ist. Die Tostig-Handlung beginnt mit seiner Ankunft im Humber (3), während die Wor-
cesterversion Tostigs Angriff auf die Isle of Wight und auch Harolds Truppeneinberufung
vermerkt. Von diesem Punkt an laufen D und E parallel; sie schließen an mit (4) und (5),
lassen jedoch Tostigs Begegnung mit Hardrada schon dort - ohne vorherige Absprache -
stattfinden. Dementsprechend fehlt diese Begegnung in der nächsten Episode (7), die nur
ihre Fahrt nach York meldet. Es folgen die Episoden (9) und (11) sowie eine in beiden Fällen knappe Schilderung der Schlacht von Hastings, wobei die Version D Harolds Gewalt-
marsch von York nach Süden gänzlich unberücksichtigt läßt: "þis [Ankunft William] wearð
þa Harolde cynge gecydd. 7 he gaderade þa mycelne here. 7 com him togenes æt þære ha-
ran apuldran." Die Peterboroughversion konstatiert nur lakonisch, "Harold com norðan".
Harolds vergebliche Küstenwache, während Tostig in Schottland zu neuen Taten rüstet,
wird also von beiden Versionen überhaupt nicht dargestellt, ebensowenig sein Aufbruch
nach Norden, bevor Edwin und Morcar die Schlacht gegen Hardrada verlieren und York in
dessen Hände fällt. Die Gesamthandlung erscheint also in D und E streng linear, während
die Abingdonchronik - trotz der Auslassung der Schlacht von Hastings - die Gleichzeitigkeit
der beiden Handlungsstränge (Nord und Süd) herausarbeitet, was ja in großem Maße Mitur-
sache des fatalen Ausgangs des Geschehens war.

Zur Strukturierung der Einträge sei nur festgehalten, daß sie dem etablierten Einführungs-
modus mit *her* oder *on þysum geare* folgt und konsequent die jeweiligen Themenwechsel
mit *þæs ylcan geares* markiert. Spezifizierende Zeitadverbiale werden nur noch sehr selten
eingesetzt, allerdings werden eine Reihe von Ereignissen, insbesondere Todesfälle und

Machtwechsel, aber auch einige Episoden des 1066-Geschehens, mit genauen Datumsangaben versehen.

7.3 Taktik und Strategie

Taktische und strategische Aspekte der Kriegführung sind, wie schon aus der Untersuchung des Planungsgehalts hervorgegangen ist, in diesen Schilderungen nur äußerst mager vertreten. Die einzige taktische Maßnahme, die mit einiger Ausführlichkeit dargelegt wird, ist Earl Godwins Positionierung seiner Truppen bei seinem Aufmarsch gegen London:

> þa he hæfde ealle his fare gerecenod, þa com se flod. 7 hig brudon up ða sona heora ancran, 7 heoldon þurh þa brycge be þam syðlande. 7 seo land-fyrd com ufenon. 7 trymedon hig be þam strande. 7 hig hwemdon þa mid þam scipon wið þæs norðlandes. swylce hig woldon þæs cynges scipa abutan betrymman. (CD 1052)

Godwin demonstriert also seine Stärke mit der Einnahme einer überlegenen Position, die ihm die Option einer Umzingelung offenläßt, aber er nimmt sie noch nicht wahr. Die klare Darstellung des Manövers sowie dieser Option mittels des komparativen "swylce" - wobei das "woldon" offenläßt, ob dies real oder irreal gemeint ist - ist beachtlich. Dies läßt schließen, daß es wohl nicht mangelndes Kriegskunstverständnis der Chronisten ist, was diese Schilderungen so arm an kriegstechnischer Darstellung macht. Es ist vermutlich eher so, daß diese Chronisten an Kriegführung einfach nicht sehr interessiert sind, sondern die innenpolitischen Verquickungen und fraktionellen Ränke viel aufzeichnenswerter finden. Daß die doch definitiv Godwin-freundliche Peterboroughchronik diesen Aufmarsch beiläufigst mit "þa hi to Lundene comon" abhandelt, ist ein Indikator dafür, daß Godwins militärische Qualitäten hier gar nicht gefragt sind. Wenn die Godwin-feindlichen Versionen CD diese Episode schildern, so geht es ihnen wahrscheinlich nur darum, den unloyalen Earl als tükkisch und skrupellos darzustellen, während die Version E über diesen Akt der Feindseligkeit einfach hinweggeht.

Auf seiten der Strategie sieht die Darstellung ähnlich karg aus. Neben der schon erwähnten Maßnahme der präventiven Küstenabriegelung gegen den erwarteten Eroberer, die sehr unaufwendig präsentiert wird, ist hier nur der Fortbestand einer bereits lang etablierten generellen Strategie zu nennen: die schon so oft beobachtete konzertierte Aktion von Land- und Seestreitmacht. Sie tritt abgesehen von besagter Küstenwache 1066 auch im Eintrag D

1063 im Zuge von Harolds Einfall in Wales auf, wo recht deutlich auf das geplante Zusammenwirken der Abteilungen hingewiesen wird:

> For Harold mid scipum of Brycgstowe abutan Brytland; and þæt folc griþede
> and gisledon; and Tostig for mid landferde ongean, and þæt land geeodon.

Für die Abwesenheit strategischer Maßnahmen in den Schilderungen läßt sich jedoch neben den Überlegungen zu den Darstellungsinteressen der Chronisten, die angesichts des nicht sehr umfangreichen Materials nur Mutmaßungen bleiben können, noch eine simplere Erklärung ausmachen: die Ereignisgeschichte selbst. Hier wird nicht, wie in den vergangenen zwei Jahrhunderten, ein tatsächlicher Krieg geführt, sondern die Maßnahmen der Engländer sind immer nur *ad hoc*-Reaktionen auf plötzlich auftretende Bedrohungen, die jeweils nur sehr begrenzt vorhersehbar waren, und daher kann diesen Reaktionen kein generelles strategisches Konzept zugrundeliegen, das in die Darstellungen Eingang finden könnte.

7.4 Bewertungen und Begründungen

Die dieser Chronikschicht inneliegenden Wertungen bezüglich des Godwin-Konfliktes sind an anderer Stelle schon ausreichend angeführt worden. Sie haben, wenn überhaupt, nur entfernten Bezug zum Kriegsgeschehen und brauchen daher hier nicht weiter berücksichtigt zu werden. Indessen sind im Falle zweier Kriegsereignisse unterschiedliche Bewertungen des Abingdon- und des Worcester-Chronisten zu beobachten, die das von der eigentlichen Kampfhandlung entstehende Bild deutlich beeinflussen. Zum einen ist hier der knappe Bericht von der Schottlandexpedition des nordhumbrischen Earls Siward 1054 zu nennen. Die Northumbria nahestehende Version D stellt die Expedition als einen mühelosen Sieg dar: Siward verjagt ("aflymde") den König Macbeth, metzelt die Blüte der schottischen Krieger nieder, "eall þæt þær betst wæs on þam lande", und schleppt ungeheuer reiche Beute davon, "swilce nan man ær ne begeat". Erst dann wird angefügt, daß auch die Northumbrier Verluste zu beklagen haben, darunter den Sohn und den Neffen des Earls. Die Abingdonchronik hingegen, die keine besonderen Sympathien für Northumbria hegt, vermerkt das Gemetzel mit einem stereotypen "mycel wæl of Scottum gesloh", und Macbeth wird nicht schmählich vertrieben, sondern kann entfliehen, "and se cyng ætbærst". Die reiche Beute wird überhaupt nicht erwähnt, sondern es werden gleich anschließend die hohen Verluste der Engländer festgehalten und der Tod von Siwards Sohn noch besonders betont: "Eac feoll mycel on his healfe [...] and eac his agen sunu." Der zweite Fall betrifft die Schilderung des Kampfes zwischen den Truppen von Hereford und dem verbannten Earl Ælfgar im Tandem mit dem

Waliser Gruffydd. Von Ælfgar scheinen beide Chronisten nicht sehr viel zu halten; seine Zerstörung der Kathedrale von Hereford wird, wie es scheint, mit standesbedingtem Grimm geschildert. Aber die Abingdonchronik verzichtet auf eine direkte Bewertung,[190] während die Version D die dem Friedensschluß folgende Rehabilitierung Ælfgars in Form einer ironischen Kontrastierung der Fakten, die an den Stil des Æthelred-Chronisten erinnert, freimütig kritisiert:

> And þa þa hi hæfdon mæst to yfele gedon man gerædde þone ræd þæt man Ælfgar eorl geinnlagode, and ageaf him his eorldom and ealle þæt him of genumen wæs. (1055)

Das Gebaren der lokalen *fyrd* hingegen wird unterschiedlich präsentiert: In der Worcester-Chronik bleibt der uneindeutigen pronominalen Referenz wegen der Ausgang der Schlacht unklar, wobei die Syntax eher auf einen englischen Sieg deuten mag: "ac him [Ælfgar] com þær togenes Raulf eorl mid mycclan here, and mid lytlan gewinne hi on fleam gebrohte, and micel folc on þan fleame ofsloh [...]". (Die folgenden Taten Ælfgars werden allerdings ohne Nennung eines Subjekts angeführt, "and gewendon þa into Herefordporte ...".) Die Abingdon-Chronik meldet hingegen die sofortige Flucht der Herefordtruppen - begründet mit dem Umstand, daß sie zu Pferd gewesen seien -,[191] und zudem vier- bis fünfhundert Gefallene auf englischer und "nænne" auf gegnerischer Seite: "ac ær þær wære ænig spere gescoten, ær fleah ðæt Englisce folc, forðan þe hig wæron on horsan". Hier wird also das Versagen der Lokalstreitmacht hervorgehoben, während die Worcester-Version lediglich durch das "lytle gewinne" andeutet, der Rückzug sei doch etwas frühzeitig erfolgt.

Eine ganz andere Art von Bewertung liegt im Eintrag D 1058 vor, in dem in knappen Worten Ælfgars erneute Verbannung und ein weiterer Einmarsch zusammen mit Gruffydd und darüber hinaus die Ankunft einer großen Norwegerflotte[192] gemeldet wird, aber eine Schilderung der Ereignisse ausbleibt mit der erklärenden Bemerkung, "hit is langsum to

---

190 Dies mag gut damit zusammenhängen, daß Ælfgar zwei Jahre später Earl von Mercia, also auch Herrscher von Abingdon wurde.

191 Diese Textstelle ist allgemein als Beleg dafür gesehen worden, daß die Engländer nicht gewohnt waren, zu Pferd zu kämpfen, und somit keine Kavallerie einzusetzen pflegten (vgl. 2.2). Man kann diese Aussage allerdings auch dahingehend deuten, daß das Vorhandensein der Pferde - nur zur Truppenbewegung genutzt - den Streitkräften überhaupt erst die Möglichkeit zu dieser eiligen Flucht gab.

192 Laut Stenton, *Anglo-Saxon England*, p. 579, waren beide Angriffe anderen Quellen zufolge sehr bedrohlich und der letztere ein erster Eroberungsversuch der Norweger unter der Führung von Hardradas Sohn, möglicherweise sogar im Konzert mit den Walisern.

atellanne eall hu hit gefaren wæs".[193] In diesem Zusammenhang sei noch ein weiterer Eintrag (1056 C und D) angeführt, der ebenfalls den Aufzeichnungsvorgang selbst bewertet, aber nicht seine 'langsumness' betont, sondern den Schrecken, den diese Schilderung beinhaltet. Hier wird eine Kriegshandlung auf äußerst ungewöhnliche Weise eingeführt, der mit Sicherheit ein zeitgenössisches Lied zugrundegelegen haben muß. Die Hauptperson ist Bischof Leofgar, dessen Berufung zum Bischof - noch ganz im üblichen annalistischen Stil - den Auftakt dieses Eintrags bildet. Dann folgt jedoch überraschend die Mitteilung, er habe während seiner ganzen Priesterzeit einen Schnurrbart getragen ("werede his kenepas"). Daran schließt sich eine poetisch klangvolle Schilderung an, wie er die geistlichen gegen die echten Waffen vertauscht und auf Kriegszug ausrückt:

> Se forlet his crisman and his hrode, his gastlican wæpna, and feng to his spere and his sweorde æfter his biscuphade; and swa for to fyrde ongean Griffin þone Wyliscan cing, and hine man ðar ofsloh and his preostas mid him, and Ælfnoð scirgerefa and manega gode menn mid heom; and ða oðre ætflugon. þis wæs viii nihton ær middan sumera. (C)

Nach der kurzen Rückkehr zum prosaisch-annalistischen Ton im letzten Satz dieser Passage folgt ein wiederum poetischer Kommentar, der den angesprochenen Kriegszug zusammenfaßt und zugleich den Akt des Aufzeichnens beurteilt:

> Earfoðlic is to atellanne seo gedrecednes and seo fare eall and seo fyrdung and þæt geswinc and manna fyll and eac horsa þe eall Engla here dreah [...].

Explizite Begründungen sind in diesen Chronikschilderungen nicht allzu häufig vorhanden, jedoch werden durch die Art der Faktenpräsentation, vor allem in den ausführlichen Berichten, kausale Zusammenhänge durchaus sichtbar.[194] Im Kontext der Kriegsberichte sind neben der schon erwähnten Erklärung für die Flucht der Engländer 1056 zwei weitere Begründungen von Interesse. Die Version D erklärt den Sieg der Normannen bei Hastings als Gottes Strafe für die Sünden der Engländer: "þa Frencyscan ahton wælstowe geweald, eallswa heom God uðe for folces synnon." Dies wird kurz darauf noch einmal wiederholt, "þa hit God betan nolde for urum synnum". Offenbar schien dem Chronisten, der sich ansonsten religiös moralisierender Äußerungen enthält, diese bedeutungsvolle und folgenreiche englische Niederlage doch erklärungsbedürftig, deren Unfaßbarkeit nur durch den Verweis auf Gottes Willen gemildert werden kann. Eine andere Begründung wird im Eintrag 1052 C

---

193 Dies bestätigt noch den zuvor gewonnenen Eindruck (vgl. 7.3), daß die Chronisten Kriegsereignisse im Gegensatz zu innenpolitischen Machtkämpfen als wenig interessant erachteten.

194 Vgl. Clark, "Narrative Mode", pp. 232f.

und D für die Waffenstillstandsverhandlungen der im Godwin-Konflikt einander gegenüber-
stehenden Parteien geliefert. Sie ist politischer Art, enthält aber auch eine moralische Komponente:

> [...] ac hit wæs heom mæst eallon laờ þæt hig sceoldon fohtan wiờ heora
> agenes cynnes mannum, forþan þar wæs lyt elles þe aht mycel myhton buton
> Englisce men on ægờer healfe. 7 eac hig noldon þæt utlendiscum þeodum
> wære þes eard þurh þæt þe swiờor gerymed.

Nicht nur die Verwerflichkeit eines Bruderkrieges an sich ist den Parteien also bewußt, sondern die Gefahr, das Land zugunsten begehrlicher Dritter zu schwächen, wird ebenfalls erkannt. Die Ansprüche und Absichten von William als auch Harald Hardrada werden dem-
nach realistisch eingeschätzt und die nationalen Interessen dem Fraktionskampf übergeord-
net.

7.5 Wortschatz

Die auffallendste Erscheinung im Wortschatz dieser Chronikschicht ist die verstärkte Wiederaufnahme der alfredischen Formeln *agan wælstowe geweald* und *sige agan* (zusammen
mit einer neuen Kombination aus beiden, *agan siges geweald*), und zwar einzig im Kontext
der Schlachten von 1066. Besonders die Version D tritt hier hervor, da sie alle drei großen
Gefechte (York, Stamford Bridge und Hastings) unter Verwendung dieser Formeln schildert.[195] Das altbekannte *micel wæl* hingegen wird nicht nur zweimal im Eintrag 1066 (C
und D), sondern auch sporadisch in anderen Berichten eingesetzt (1054, 1055), wiederum
nur von den Versionen C und D. Zumindest die ersten beiden Formeln wurden offenbar als
feststehendes Element für chronikalische Kriegsberichterstattung betrachtet - jedoch nur im
Kontext einer eindeutig defensiven militärischen Situation, wie das Ausbleiben dieser Formeln in der ersten Hälfte des neunten Jahrhunderts gezeigt hat.

Entsprechend der geringeren Bedeutung, die Kampfdarstellungen in dieser Chronikschicht haben, sind kriegsrelevante lexikalische Neueinführungen nicht zahlreich. Für den
Bereich der Gefechtstaktik sind hier *trymman* (E 1048, C, D, E 1052) bzw. *betrymman, set-
tan æfter* (C, D 1052), *sætnian* und *gerecenian* (alle 1052) zu nennen. Weitere Neueinführungen betreffen die Flotte: *lið* (1052, C 1066; anord. Entlehnung für ae. *lid*), *liờsmann* (E

---

195 Nach 1066 tauchen diese Formeln in der Angelsachsenchronik nicht mehr auf. Vgl. Clark, "Narrative
Mode", p. 234: " [...] as though, once used of the Conquest, it could never again be used of any punier
victory".

1046, 1047), *butsecarl* (C 1052, 1066 alle), *hasæta* (E 1052) und *scypian* (C, D 1052). Ferner erscheint *genge* (D 1052, 1055) zur Bezeichnung einer Truppe und *fylst* (D 1048, 1052) neben dem etablierten *fultum* als neuer Begriff für Verstärkung. Das Spektrum der lexikalischen Neueinführungen spiegelt also zum einen die schwindende Bedeutung von Kriegsereignissen für die Chronisten, indem ein großer Teil dieser Neueinführungen keine Aktionen, sondern organisatorische Bezeichnungen betrifft. Zum anderen bestätigen die der Taktik zuzuordnenden Innovationen, daß trotz anders gelagerter Darstellungsinteressen Aspekte der Kriegskunst von den Chronisten erfaßt und angemessen ausgedrückt werden können.

7.6 Syntax

Die Syntax in dieser Chronikschicht präsentiert sich als sehr variabel. Es liegen hier sowohl komplexe Strukturen als auch schlichte Reihungen vor, wobei - nicht überraschend - die ersteren hauptsächlich in den aufwendigeren Darstellungen der Innenpolitik zu finden sind, während in den Kampfschilderungen zumeist die letzteren eingesetzt werden. Besonders der sehr knappe 1066-Eintrag der Peterborough-Chronik tritt hier hervor, als Beispiel mögen die Episoden York und Stamford Bridge genügen:

> hi bægen foran into Humbran. oð þet hi coman to Eoferwic. 7 heom wið feaht Morkere eorl. 7 Eadwine eorl. 7 se Norrena cyng ahte siges geweald. 7 man cydde Harolde cyng hu hit wæs þær gedon 7 geworden. 7 he com mid mycclum here Engliscra manna. 7 gemette hine æt Stængfordesbrycge. 7 hine ofsloh.

Auch in der Syntax offenbaren sich also die differenzierten Darstellungsinteressen der Chronisten.

7.7 Handlungsträger

Hier erübrigt sich eine genaue Auflistung der Handlungsträger, da die Verhältnisse sehr eindeutig sind: Abgesehen vom bürgerkriegsnahen Godwin-Konflikt 1052 und dem Geschehen 1066, bei dem der König persönlich aktiv ist, erscheinen zumeist die Magnaten als - namentlich genannte - Kriegführer, während 'ungeführte' Truppen nur noch in sehr nebensächlichen Scharmützeln agieren. Alle Anführer werden in der Regel zumindest zu Beginn der Aktion als zusammen mit ihren Streitkräften handelnd eingeführt. Bedeutende Persönlichkeiten (Godwin, Siward, Harold) handeln indessen auch gelegentlich als *pars pro toto*.

Da die Landesverteidigung nicht mehr das große, ausschließliche Problem der Zeit darstellt und dementsprechend Kriegsschilderungen hier keine zentrale Rolle mehr spielen, liegt es auch nicht mehr im Bestreben der Chronisten, einen Herrscher als besonders fähigen Kriegführer herauszustellen.

7.8 Perspektive

Eine Untersuchung der Chronistenperspektive erübrigt sich gleichfalls, da die bereits dargelegten Begrenzungen, die sich aus Anlage und Inhalt dieser Chronikschicht ergeben, auch hier gelten.

7.9 Zusammenfassung

Es hat sich gezeigt, daß der - gegenüber den vorher betrachteten Zeiträumen - gänzlich andere historische Kontext, in dem diese Chronikschicht steht, ihre Darstellungen von Krieg und Kriegskunst nachhaltig beeinflußt. Die Landesverteidigung ist nun nicht mehr das eine, ausschließliche Problem der Zeit und dementsprechend auch nicht mehr das beherrschende Thema der Chronik. Im Fokus der Geschichtsschreibung stehen jetzt nicht mehr die militärischen, sondern die politischen Machtverhältnisse. Die Chronik erfährt mit dieser Periode also einen Wandel vom Kriegsreport zum politischen Journal, wobei die divergierenden Versionen auch unterschiedlich Stellung zu dem geschilderten Geschehen beziehen. Dementsprechend gilt das Darstellungsinteresse der Chronisten in erster Linie den innenpolitischen Wirrungen und nicht den Kriegsereignissen, was sich auch auf Aufbau, Syntax und Wortschatz der Einträge auswirkt. Die Darstellung von Kriegshandlungen ist hauptsächlich handlungsorientiert; kriegführungstechnische Elemente (Truppeneinberufung, Truppenbewegung) werden eher formelhaft eingesetzt und vermitteln keine taktischen Bezüge. Planungsvorgänge finden ausnehmend selten Aufnahme in die Berichte, und auch der Bereich der Gefechtstaktik bleibt weitestgehend ausgespart. Dies beruht jedoch nicht auf einem Mangel an Kriegskunstverständnis oder Ausdrucksvermögen, sondern ist durch die Verlagerung der Darstellungsinteressen bedingt. Eine präzise Schilderung gefechtstaktischer Maßnahmen sowie der häufige und differenzierte Einsatz des Handlungselements der Kenntnisnahme zeigen, daß sowohl Verständnis als auch Darstellungsvermögen der Chronisten durchaus der Vermittlung von Aspekten der Kriegskunst gewachsen sind. Auch die gefechtsbezogenen Erweiterungen des Wortschatzes machen dies deutlich. Die thematische Umorientierung der Chronik bewirkt ferner auch im engen Rahmen der Kampfschilderungen eine Abkehr von bislang beobachteten Darstellungsinteressen insofern, als hier nun auf eine wirkungsmächtige Präsentation der Handlungsträger völlig verzichtet wird. Herrscherpersönlichkeiten werden - anders als in den vorhergehenden Chronikschichten - jetzt, da das historische Ereignisfeld nicht mehr ausschließlich von militärischen Gegebenheiten geprägt ist, auch nicht mehr allein über ihre Kriegführerqualitäten definiert. Hatte das Ausbleiben von kriegerischen Ereignissen im zehnten Jahrhundert noch einen drastischen Schwund chronistischer Aktivität zur Folge, so erhält die Chronikschreibung in dieser Phase gerade durch diesen Wandel der Verhältnisse neue Impulse. Sie bewirken eine Erweiterung des Berichtsspektrums und führen damit die bislang thematisch sehr fixierte Angelsachsenchronik auf eine andere Ebene der Geschichtsschreibung.

8 ERGEBNISSE

Die Untersuchung hat gezeigt, daß die Darstellung von Kampf und Kriegskunst in der Angelsachsenchronik einer Entwicklung unterworfen ist, die keineswegs progressiv linear verläuft. Sie wird von diversen textgeschichtlichen, gattungsimmanenten und ereignisgeschichtlichen Faktoren beeinflußt, die sich auf die verschiedenen Aspekte dieser Darstellung unterschiedlich auswirken. Der augenfälligste Bruch in der Entwicklung ist der drastische Rückgang chronikalischer Aufzeichnung nach dem ersten Viertel des zehnten Jahrhunderts, der die kampfbezogenen Einträge der letzten alfredischen Fortsetzung auf ein in Inhalt und Stil frühannalistisches Niveau zurückfallen läßt. Er markiert das Ende einer kontinuierlichen chronographischen Entwicklung von einer Aufarbeitung der Vergangenheit zur beständig fortgeführten 'living chronicle', während derer sich auch die Kriegsdarstellung recht kontinuierlich entwickelt.

Sind die Kriegsschilderungen in ihrem Informationsgehalt schon in der späteren alfredischen Chronik deutlich reicher geworden, so nehmen sie an Fülle und Vollständigkeit der Informationen in den Fortsetzungen der alfredischen Chronik, der zweiten Chronikschicht, noch zu. Mit dem Wiederaufleben chronistischer Aktivität in der dritten Chronikschicht, der Æthelredchronik, bleibt zwar die Fülle bestehen, aber die Vollständigkeit ist nicht immer gegeben. Die letzte Chronikschicht hingegen liefert weniger kampfbezogene Informationen, weiß aber die Handlungsabläufe vollständig darzustellen. Hier liegt also ein weiterer Bruch in der Entwicklung vor, der in erster Linie ereignisgeschichtlich durch das Ende der Wikingerkriege bedingt ist.

Dementsprechend verläuft auch die Entwicklung der Darstellung von taktischen und strategischen Aspekten der Kriegskunst. Die alfredische Chronik verbleibt hier auf einer rein handlungsorientierten Ebene, indem sie solche Aspekte zwar gelegentlich aus dem Inhalt der Schilderungen erschließen läßt, aber die zugrundeliegenden Planungsvorgänge nicht einbringt. Die ersten drei Fortsetzungen der alfredischen Chronik leisten indessen beides in beträchtlichem Umfang und führen somit die Kriegskunstdarstellungen auf den Höhepunkt ihrer Entwicklung. In der Wiederaufnahme der Kriegsberichterstattung in der Æthelredchronik geraten die Darstellungen von Taktik und Strategie in den Handlungsschilderungen sehr oberflächlich, aber Planungsvorgänge werden in der neueingeführten Kategorie der Kriegsratschilderungen vermittelt. In der vierten Chronikschicht hingegen wird Planung fast überhaupt nicht mehr zum Ausdruck gebracht, und auch taktische und strategische Aspekte der Handlung gehen kaum noch in die Darstellung ein.

Bezüglich des Kriegskunstverständnisses der verschiedenen Chronikschichten hat sich also folgendes Bild herausgestellt: Die Aufzeichner der alfredischen Kompilation erscheinen als 'Anfänger', die - der Entstehungsgeschichte der Chronik entsprechend - noch am stärksten den gattungsspezifischen Prinzipien der Annalenschreibung verhaftet sind und somit ausschließlich handlungsorientiert berichten, was ihre Darstellung von Kriegskunst zwangsläufig begrenzt. In der zweiten Chronikschicht jedoch tritt ein hochentwickeltes Kriegskunstverständnis der Schreiber zusammen mit bemerkenswerten Variationen des chronistischen Konzepts auf. Die erste Sequenz dieser Schicht, der Bericht von Alfreds späteren Feldzügen, präsentiert ein sehr fortgeschrittenes Bewußtsein des Verfassers für taktische und strategische Zusammenhänge in einem deutlich 'historisch' interpretierenden Rahmen, der die Grenzen chronikalischer Berichterstattung weit überschreitet. Die stilistisch sehr komplexe Darstellung weist jedoch einige Unklarheiten und auch Unbeholfenheiten des Ausdrucks auf. Die edwardischen Chronisten der beiden folgenden Sequenzen vermitteln taktische und strategische Bezüge gleichermaßen kriegskunstbewußt, bedienen sich dabei aber einer eindeutig chronikalischen Darstellungsform. Damit geht die Ausführlichkeit der Schilderungen stark zurück, doch auf diesem knappen Raum manifestiert sich dennoch neben dem bemerkenswerten Kriegskunstverständnis ein erheblicher Sinn für Präzision der Darstellung wie auch stilistisches Geschick, insbesondere in der sehr stilbewußten dritten Fortsetzung. In der Æthelredchronik hingegen erweist sich das Kriegskunstverständnis ihres Verfassers als unterentwickelt, da seine Darstellungen taktische und strategische Gegebenheiten kaum zu vermitteln wissen. Seine Kriegsratschilderungen jedoch leisten erstmals eine Funktionalisierung von Planungsvorgängen, indem sie außerhalb der konkreten Handlungsabläufe gestellt werden, und erschließen somit eine neue Dimension von Kriegskunst. Dies resultiert aber aus der besonderen, weil generalisierenden, Anlage des Berichts und ist nicht abhängig vom militärischen Sachverstand des Chronisten. Das fast völlige Ausbleiben kriegskunstrelevanter Darstellungen in der letzten Chronikschicht liegt indessen nicht an mangelndem Verständnis der Verfasser, sondern ist eine Folge der verlagerten Darstellungsinteressen, in denen Kriegsereignisse keine große Rolle mehr spielen. Die wenigen Schilderungen, die taktische oder strategische Aspekte beinhalten, lassen ein durchaus entwickeltes Kriegskunstverständnis erkennen.

Die Darstellungsinteressen der Chronisten prägen nicht nur die letzte Chronikschicht, sondern die gesamten Kampfdarstellungen der Chronik. Die alfredische Kompilation wie auch ihre Fortsetzungen stellen Hofberichterstattung dar, die in erster Linie die Interessen des Königreichs Wessex vertritt und bestrebt ist, die Leistungen der englischen Streitkräfte im allgemeinen und besonders den jeweiligen Herrscher als Kriegführer positiv hervorzuheben. Diese Tendenz wird schon in der späteren alfredischen Chronik sichtbar und erscheint verstärkt in den ersten drei Sequenzen der Fortsetzungen. Neben den durch die Handlung vermittelten Informationen werden diesbezüglich hier nun gezielt darstellerische Mittel eingesetzt, und zwar zum einen die Präsentation des Königs als dominierender - und auch oft scheinbar allein als *pars pro toto* agierender - Handlungsträger, zum anderen die Darstellungsperspektive zum Zwecke der Empathiesteuerung, um den Eindruck unvorteilhafter Tatsachen abzuschwächen. Die Æthelredchronik hingegen vertritt keine Hofberichterstattung, sondern den persönlichen Rückblick eines zeitgenössischen Klerikers, der in keinerlei Loyalitätszwänge eingebunden ist und nicht nur implizite Bewertungen vornimmt, sondern die Ereignisse kommentiert und beurteilt. Sein Ziel ist nicht die positive, sondern im Gegenteil die negative Darstellung der englischen Kriegführung, um die dänische Eroberung zu begründen. Die letzte Chronikschicht schließlich vertritt in ihren drei Versionen unterschiedliche Fraktionsinteressen, die sich in tendenziöser Faktenpräsentation ausdrücken, aber die Kampfdarstellungen nur ganz sporadisch berühren.

Somit wird von drei angelsächsischen Herrschern, Alfred, Edward und Æthelred, ein klar umrissenes Bild gezeichnet, das vor allem in bezug auf Alfred und Æthelred ihre Beurteilung durch die Nachwelt stark beeinflußt hat. König Alfred erscheint vor allem als organisatorischer Stratege, der das Heerwesen strukturiert und die englische Flotte begründet, aber auch als taktischer Genius, der in kritischen Situationen intelligente Ideen hat. Er ist der Retter des Vaterlandes, der Wessex und damit auch England vor den Wikingern bewahrt. König Edward dagegen wird weniger spektakulär präsentiert, aber weitaus stärker als Denker und besonders Lenker des Geschehens dargestellt. Während Alfred noch in Teilen der Handlung gar keine Rolle spielt, erscheint Edward in den Schilderungen als geradezu omnipräsent, indem er entweder als Anweisender die Handlung kontrolliert oder selbst in führender Rolle agiert. Außerdem wird er als der Vater des englischen Befestigungsbaus gezeigt, wohingegen Alfreds Beitrag zu diesem Verteidigungskonzept von seinen Chronisten nicht erwähnt wird. Insgesamt ist die Präsentation Edwards indirekter und subtiler als die Alfreds und steht zudem durch die komprimiertere chronikalische Form der Darstellung in einem unauffälligeren Rahmen, was sicherlich dazu beigetragen hat, daß Alfreds Licht in der Geschichte so viel heller strahlt als das seines Sohnes. Ebenso verdankt König Æthelred seinen umgekehrt schlechten Ruf und den Beinamen "the Unready" vor allem dem Bericht der Chronik, obwohl der Chronist die Person des Königs gar nicht so schwarz malt, wie die

Nachwelt ihn betrachtet. Anders als seine Vorgänger erscheint Æthelred nicht mehr als Kopf und auch Hand der englischen Armee, sondern allenfalls als Leiter der Kriegsräte und Friedensverhandlungen, aber wenn er gelegentlich als aktiver Heerführer auftritt, hat der Chronist nichts an ihm zu bemängeln. Doch die tendenziösen Darstellungen des englischen Versagens auf der einen und der uneingeschränkten Macht der dänischen Eindringlinge auf der anderen Seite sowie die ständigen Lamentos über die Unfähigkeit und Feigheit der englischen Armeeführung reflektieren natürlich auch auf ihn. (Der andere große Verlierer unter den englischen Königen, Harold Godwinson, der keinen geschwätzigen Historiographen gegen sich hatte, ist dagegen keineswegs mit dem Stigma des Versagers in die Geschichte eingegangen.)

Der Stil der Angelsachsenchronik schwankt beständig zwischen knapper annalistischer Präsentation und narrativer Weitschweifigkeit, zwischen Reihung der Fakten und komplexer Darstellungsweise, zwischen Eintönigkeit und Wortgewandtheit. Das gattungsimmanente Ziel chronikalischer Geschichtsschreibung, die Objektivität der Darstellung, wird nach der alfredischen Kompilation einzig noch von ihrer kargen letzten Fortsetzung Mitte des zehnten Jahrhunderts erreicht. Währen die erste Fortsetzung wie auch die Æthelredchronik schon in ihrer Anlage subjektive Interpretation signalisieren, wahren die zwei weiteren edwardischen Fortsetzungen zwar den chronikalischen Rahmen, nutzen aber gerade dessen Ausdrucksform als Vehikel für tendenziöse Aussagen. Auf der anderen Seite zeigt sich in dem allen Schichten eigenen Gebrauch der alfredischen Formeln zur Bezeichnung des Siegers eines Gefechts auch eine Art von Kontinuitätsbewußtsein bezüglich der Kampfdarstellungen. Es hat den Anschein, als ob es bei aller Variation zumindest für dieses essentielle Handlungselement einen übergreifenden Konsens gegeben hätte, wie eine Kampfdarstellung aussehen sollte.

Als Resultat dieser Untersuchung ist festzuhalten, daß die Kriegsdarstellungen der Angelsachsenchronik trotz ihrer gattungsbedingten Begrenzungen bemerkenswert variationsreich sind. Die meisten Berichtssequenzen sind weit davon entfernt, nur die Aufzählung von Ereignissen zu beinhalten, sondern sie vertreten, wie gezeigt, verschiedene thematische wie auch stilistische Konzepte von Berichterstattung. Man hat gesehen, welche große Rolle die Darstellungsinteressen der Chronisten spielen und mit welchen vielfältigen Mitteln sie in den Texten umgesetzt werden. Somit stellt die angelsächsische Chronik nicht nur eine Aufzeichnung von Geschichte dar, sondern vermittelt auch ein differenziertes Bild vom Umgang der Angelsachsen mit der eigenen Historie. Wenn dies auch die Funktion der Chronik als Quellentext für die Geschichtswissenschaft begrenzt, so macht es sie in ihrer Funktion als literarischer Text hingegen für die Philologie als Untersuchungsgegenstand besonders beachtenswert.

LITERATURVERZEICHNIS

a) Textausgaben

Bately, Janet, ed. *The Anglo-Saxon Chronicle*. Vol. 3: MS A. Cambridge, 1986.

Campbell, Alistair, ed. *The Chronicle of Aethelweard. Chronicon Aethelweardi*. London, 1962.

Classen, E., and F. E. Harmer, eds. *An Anglo-Saxon Chronicle*. Manchester, 1926.

Plummer, Charles, ed. *Two of the Saxon Chronicles Parallel*. 2 vols. Oxford, 1892, repr. 1952.

Rositzke, Harry August. *The C-Text of the Anglo-Saxon Chronicles*. Bochum-Langendreer, 1940, repr. 1967. [Beiträge zur Englischen Philologie, ed. Max Förster, Heft 34.]

Taylor, Simon, ed. *The Anglo-Saxon Chronicle*. Vol. 4: MS B. Cambridge, 1983.

The Complete Corpus of Old English in Machine Readable Form. Ed. Dictionary of Old English Project, University of Toronto. Toronto, 1990.

b) Sekundärliteratur

Abels, Richard. "English Tactics, Strategy and Military Organization in the Late Tenth Century". *The Battle of Maldon AD 991*. Ed. Donald G. Scragg. Oxford, 1991. 143-155.

Abels, Richard. *Lordship and Military Obligation in Anglo-Saxon England*. Berkeley, Los Angeles and London, 1988.

Alcock, Leslie. *Economy, Society and Warfare Among the Britons and Saxons*. Cardiff, 1987.

Andersson, Theodore M. "The Viking Policy of Ethelred the Unready". *Scandinavian Studies* 59 (1987): 284-295.

Bachrach, Bernard S. "The Military Administration of the Norman Conquest". *Anglo-Norman Studies VIII. Proceedings of the Battle Conference 1985*. Ed. R. Allen Brown. Woodbridge, 1986. 1-25.

Barker, E. E. "The Anglo-Saxon Chronicle Used by Aethelweard". *Bulletin of the Institute of Historical Research* 40 (1967): 74-91.

Barlow, Frank. *Edward the Confessor*. London, 1970.

Barnes, Harry Elmer. *A History of Historical Writing*. New York, 1937, 2nd rev. ed. 1963.

Barthes, Roland. "Der Diskurs der Historie". *alternative* 11 (1968): 171-180.

Bately, Janet. "The Compilation of the Anglo-Saxon Chronicle 60 B.C. to A.D. 890: Vocabulary as Evidence". *Proceedings of the British Academy* 64 (1978): 93-129.

Bately, Janet. "The Compilation of the Anglo-Saxon Chronicle Once More". *Sources and Relations: Studies in Honour of J. E. Cross*. Ed. Marie Collins *et al.* Leeds, 1985. 7-26. [*=Leeds Studies in English*, N.S. 16 (1985)]

Blair, Peter Hunter. *An Introduction to Anglo-Saxon England*. Cambridge, [2]1977.

Bradbury, Jim. *The Medieval Archer*. Woodbridge, 1985.

Bronsted, Johannes. *Die große Zeit der Wikinger*. Neumünster, 1964.

Brooke, Christopher. *The Saxon and Norman Kings*. Glasgow, 1963, repr. 1984.

Brooks, Nicholas P. "Arms, Status and Warfare in Late-Saxon England". *Ethelred the Unready: Papers from the Millenary Conference*. Ed. David Hill. Oxford, 1978. 81-104. [=British Archaeological Reports British Series 59].

Brooks, Nicholas P. "England in the Ninth Century: The Crucible of Defeat". *Transactions of the Royal Historical Society*, 5th ser. 29 (1979): 1-20.

Brooks, Nicholas P. "The Development of Military Obligations in Eighth- and Ninth-Century England". *England Before the Conquest: Studies in Primary Sources Presented to Dorothy Whitelock*. Ed. Peter A. M. Clemoes and Kathleen Hughes. Cambridge, 1971. 69-84.

Brown, Phyllis R. "The Viking Policy of Ethelred: A Response". *Scandinavian Studies* 59 (1987): 296-298.

Buchloh, Paul Gerhard, und Dietrich Pieske. "Die Darstellung der Wikinger in der altenglischen Überlieferung und Dichtung". *Offa* 41 (1984): 13-29.

Clapham, James. "The Horsing of the Danes". *English Historical Review* 25 (1910): 287-293.

Clark, Cecily. "The Narrative Mode of *The Anglo-Saxon Chronicle* before the Conquest". *England Before the Conquest: Studies in Primary Sources Presented to Dorothy Whitelock*. Ed. Peter A. M. Clemoes and Kathleen Hughes. Cambridge, 1971. 215-235.

Clausewitz, Carl von. *Vom Kriege*. Berlin, Leipzig, [13]1918.

Contamine, Philippe. *War in the Middle Ages*. Oxford, 1984.

Crépin, André. "Etude typologique de la *Chronique anglo-saxonne*". *La Chronique et l'Histoire au Moyen-Âge*. Ed. Daniel Poirion. Paris, 1984. 137-151.

Cross, J. E. "The Ethic of War in Old English". *England Before the Conquest: Studies in Primary Sources Presented to Dorothy Whitelock*. Ed. Peter A. M. Clemoes and Kathleen Hughes. Cambridge, 1971. 269-282.

Danto, Arthur C. *Analytische Philosophie der Geschichte*. Frankfurt/M., 1974.

Darby, Henry Clifford, ed. *A New Historical Geography of England Before 1600*. Cambridge, 1976.

Davis, R. C. H. "Did the Anglo-Saxons have Warhorses?" *Weapons and Warfare in Anglo-Saxon England*. Ed. Sonia Chadwick Hawkes. Oxford, 1989. 141-144.

Davis, R. H. C. "Alfred the Great: Propaganda and Truth". *History* 56 (1971): 169-182.

Davis, R. H. C., and J. M. Wallace-Hadrill, eds. *The Writing of History in the Middle Ages*. Essays Presented to Richard William Southern. Oxford, 1981.

Delbrück, Hans. *Geschichte der Kriegskunst im Rahmen der politischen Geschichte*. 3 vols. Berlin, ²1923.

Donald, Gordon Campbell. *Zur Entwicklung des Prosastils in der Sachsenchronik*. Diss. Marburg, 1914.

Dumville, David N. "Some Aspects of Annalistic Writing at Canterbury in the Eleventh and Twelfth Centuries". *Peritia* 2 (1983): 23-57.

Falkus, Malcolm, and John Gillingham. *Historical Atlas of Britain*. London, ²1987.

Fisher, D. J. V. *The Anglo-Saxon Age c. 400-1042*. London, 1973.

Garmonsway, G. N., ed., tr. *The Anglo-Saxon Chronicle*. London, 1953, repr. 1984.

Gervase of Canterbury. *The Historical Works of Gervase of Canterbury*. Ed. William Stubbs. Vol. 1. London, 1879.

Giffard, C. Anthony. "The *Anglo-Saxon Chronicle:* Precursor of the Press". *Journalism History* 9:1 (spring 1982): 11-15 and 28f.

Gillingham, John. "Richard I and the Science of War". *War and Government in the Middle Ages: Essays in Honour of J. O. Prestwick*. Ed. John Gillingham and C. Holt. Woodbridge, 1984. 78-91.

Glover, Richard. "English Warfare in 1066". *English Historical Review* 67 (1952): 1-18.

Gransden, Antonia. *Historical Writing in England c. 550-1307*. Ithaca, 1974.

Green, J. A. "The last century of Danegeld". *English Historical Review* 96 (1981): 241-258.

Griffiths, M. E. "King Alfred's Last War". *English and Medieval Studies Presented to J. R. R. Tolkien*. Ed. N. Davis. London, 1962. 41-50.

Grundmann, Herbert. *Geschichtsschreibung im Mittelalter. Gattungen, Epochen, Eigenart*. Göttingen, 1965.

Guenée, Bernard. "Histoire et chronique. Nouvelles réflexions sur les genres historiques au Moyen-Age". *La Chronique et l'Histoire au Moyen-Age*. Ed. Daniel Poirion. Paris, 1984. 3-12.

Hart, Cyril. "The B-Text of the Anglo-Saxon Chronicle". *Journal of Medieval History* 8 (1982): 241-299.

Hay, Denys. *Annalists and Historians*. Western historiography from the eighth to the eighteenth centuries. London, 1977.

Hill, David. *Atlas of Anglo-Saxon England*. Oxford, 1981.

Hinton, David A. *Alfred's Kingdom: Wessex and the South 800-1500*. London, 1977.

Hodgkin, R. H. *A History of the Anglo-Saxons*. 2 vols. Oxford, ³1952.

Hollister, C. Warren. *Anglo-Saxon Military Institutions*. Oxford, 1962.

Hooper, Nicholas. "Anglo-Saxon Warfare on the Eve of the Norman Conquest". *Proceedings of the Battle Conference on Anglo-Norman Studies*. I, 1978. Ed. R. Allen Brown. Woodbridge, 1979. 84-93.

Hooper, Nicholas. "Some Observations on the Navy in Late Anglo-Saxon England". *Studies in Medieval History Presented to R. Allen Brown*. Ed. Christopher Harper-Bill et al. Woodbridge, 1989. 203-213.

Hooper, Nicholas. "The Anglo-Saxons at War. *Weapons and Warfare in Anglo-Saxon England*. Ed. Sonia Chadwick Hawkes. Oxford, 1989. 191-202.

Howorth, Henry H. "The Anglo-Saxon Chronicle: Its Origin and Growth". *Archaeological Journal* 65 (1908): 141-204; 66 (1909): 105-144; 69 (1912): 312-370.

Jäschke, Kurt-Ulrich. *Burgenbau und Landesverteidigung um 900*. Überlegungen zu Beispielen aus Deutschland, Frankreich und England. Sigmaringen, 1975.

John, Eric. "War and Society in the Tenth Century: The Maldon Campaign". *Transactions of the Royal Historical Society*, 5th ser. 27 (1977): 173-195.

Jones, C. W. *Saints' Lives and Chronicles in Early England*. Cornell, 1947.

Jones, Gwyn. *A History of the Vikings*. London, 1973.

Kendrick, T. D. *A History of the Vikings*. London, 1930.

Keynes, Simon. "A Tale of Two Kings: Alfred the Great and Ethelred the Unready". *Transactions of the Royal Historical Society*, 5th ser. 36 (1986): 195-217.

Keynes, Simon. "The declining reputation of King Æthelred the Unready". *Ethelred the Unready: Papers from the Millenary Conference*. Ed. David Hill. Oxford, 1978. 227-254. [=British Archaeological Reports British Series 59].

Keynes, Simon. *The Diplomas of King Æthelred 'the Unready'*. A Study in their Use as Historical Evidence. Cambridge, 1980.

Keynes, Simon, and Michael Lapidge, eds. *Alfred the Great*. Harmondsworth, 1983.

Krieger, Karl-Friedrich. *Geschichte Englands*. Bd. 1: Von den Anfängen bis zum 15. Jahrhundert. München, 1990.

Kuno, Susomo. "Subject, Theme, and the Speaker's Empathy. A Reexamination of Relativization Phenomena". *Subject and Topic*. Ed. Charles N. Li. New York, London, 1976.

Logan, Donald F. *The Vikings in History*. London, 1983.

Loyn, Henry Royston. *Anglo-Saxon England and the Norman Conquest*. London, 1966.

Magoun, Francis P. "King Alfred's Naval and Beach Battle with the Danes in 896". *Modern Language Review* 37 (1942): 409-414.

Meaney, Audrey L. "D: an Undervalued Manuscript of the Anglo-Saxon Chronicle". *Parergon* N.S. 1 (1983): 13-38.

Meaney, Audrey L. "King Alfred and his Secretariat". *Parergon* 11 (April 1975): 16-24.

Meaney, Audrey L. "St. Neot's, Aethelweard, and the *Anglo-Saxon Chronicle:* A Survey". *Studies in Earlier Old English Prose*. Ed. Paul E. Szarmach. Albany, N.Y., 1986. 193-243.

Meaney, Audrey L. "The Anglo-Saxon Chronicle c. 892: Materials and Transmission". *Old English Newsletter* 18.2 (1985): 26-35.

Oman, Charles. *A History of the Art of War in the Middle Ages*. Vol. 1: A.D. 378-1278. New York, [2]1924, repr. 1959.

Page, Raymond Ian. *'A Most Vile People': Early English Historians on the Vikings*. The Dorothea Coke Memorial Lecture in Northern Studies. London, 1987.

Parkes, M. B. "The Paleography of the Parker Manuscript of the *Chronicle*, Laws and Sedulius, and Historiography at Winchester in the Late Ninth and Tenth Centuries". *Anglo-Saxon England* 5 (1976): 149-71.

Peirce, Ian. "Arms, Armour and Warfare in the Eleventh Century". *Anglo-Norman Studies X. Proceedings of the Battle Conference 1987*. Ed. R. Allen Brown. Woodbridge, 1988. 237-257.

Poole, Reginald L. *Chronicles and Annals*. A Brief Outline of their Origin and Growth. Oxford, 1926.

Rüsen, Jörn. *Zeit und Sinn*. Strategien historischen Denkens. Frankfurt/M., 1990.

Sawyer, Peter Hayes. *Kings and Vikings. Scandinavia and Europe A.D. 700-1100*. London, 1982.

Sawyer, Peter Hayes. *The Age of the Vikings*. London, 1962.

Schmale, Franz-Josef. *Funktion und Formen mittelalterlicher Geschichtsschreibung*. Eine Einführung. Darmstadt, 1985.

Shippey, Thomas A. "A Missing Army: Some Doubts About the Alfredian *Chronicle*". In *Geardagum* 4 (1982): 41-55.

Smail, Raymond Charles. "Art of War". *Medieval England*. Ed. Austin Lane Poole. Vol 1. Oxford, 1958.

Sprockel, Cornelius. *The Language of the Parker Chronicle*. 2 vols. The Hague, 1965.

Stafford, Pauline. "The Reign of Æthelred II, a study in the limitations on Royal Policy and Action". *Ethelred the Unready: Papers from the Millenary Conference*. Ed. David Hill. Oxford, 1978. 15-46. [=British Archaeological Reports British Series 59].

Stenton, Frank Merry. *Anglo-Saxon England*. Oxford, ³1971.

Stenton, Frank Merry. "The South-Western Elements in the Old English Chronicle". *Preparatory to Anglo-Saxon England*. Ed. Doris May Stenton. Oxford, 1970. 103-128.

Thorogood, A. J. "The Anglo-Saxon Chronicle in the Reign of Ecgberht". *English Historical Review* 91 (1933): 253-63.

Wainwright, Frederick Thomas. "Æthelflæd Lady of the Mercians". *The Anglo-Saxons*. Ed. Peter Clemoes. London, 1959. 53-69.

Wallace-Hadrill, John M. "The Franks and the English in the Ninth Century: Some Common Historical Interests". *History* 35 (1950): 202-218.

Waterhouse, Ruth. "Semantic Development of Two Terms within the 'Anglo-Saxon Chronicle'". *Studia Germanica Gandensia* 14 (1973): 95-100.

Waterhouse, Ruth. "Stylistic Features as a Factor in Detecting Changes of Sources in the Ninth Century Anglo-Saxon Chronicle". *Parergon* 27 (1980): 3-8.

Waterhouse, Ruth. "The Haesten Episode in 894 *Anglo-Saxon Chronicle*". *Studia Neophilologica* 46 (1974): 136-141.

White, Hayden. *Die Bedeutung der Form*. Erzählstrukturen in der Geschichtsschreibung. Frankfurt/M., 1990.

Whitelock, Dorothy, ed., tr. *The Anglo-Saxon Chronicle*. London, 1961.

Whitelock, Dorothy. "The Importance of the Battle of Edington". Dies. *From Bede to Alfred. Studies in Early Anglo-Saxon Literature and History*. London, 1980. 6-15.

Whitelock, Dorothy. "The Prose of Alfred's Reign". *Continuations and Beginnings: Studies in Old English Literature*. Ed. E. G. Stanley. London, 1966. 67-103.

Whitelock, Dorothy, ed. *Sermo Lupi ad Anglos*. London, 1952.

Zettel, Horst. *Das Bild der Normannen und der Normanneneinfälle in westfränkischen, ostfränkischen und angelsächsischen Quellen des 8.-11. Jahrhunderts.* München, 1977.